PROF. DR. GUIDO PÖLLMANN

WIRTSCHAFT
– IN 60 SEKUNDEN ERKLÄRT –

PROF. DR. GUIDO PÖLLMANN

WIRTSCHAFT

in **60 SEKUNDEN** erklärt

riva

Bibliografische Information der Deutschen Nationalbibliothek:
Die Deutsche Nationalbibliothek verzeichnet diese Publikation in der
Deutschen Nationalbibliografie. Detaillierte bibliografische Daten
sind im Internet über http://d-nb.de abrufbar.

Für Fragen und Anregungen:
info@rivaverlag.de

Originalausgabe

1. Auflage 2016

© 2016 by riva Verlag, ein Imprint der Münchner Verlagsgruppe GmbH,
Nymphenburger Straße 86
D-80636 München
Tel.: 089 651285-0
Fax: 089 652096

Alle Rechte, insbesondere das Recht der Vervielfältigung und Verbreitung
sowie der Übersetzung, vorbehalten. Kein Teil des Werkes darf in irgendeiner Form (durch Fotokopie, Mikrofilm oder ein anderes Verfahren) ohne
schriftliche Genehmigung des Verlages reproduziert oder unter Verwendung elektronischer Systeme gespeichert, verarbeitet, vervielfältigt oder
verbreitet werden.

Redaktion: Andreas Klatt
Umschlaggestaltung: Melanie Melzer
Umschlagabbildung: Shutterstock
Bildbearbeitung: Pamela Machleidt
Satz: inpunkt[w]o, Haiger
Druck: Graspo CZ, Tschechische Republik
Printed in the EU

ISBN Print 978-3-86883-843-5
ISBN E-Book (PDF) 978-3-95971-153-1
ISBN E-Book (EPUB, Mobi) 978-3-95971-154-8

Weitere Informationen zum Verlag finden Sie unter

www.rivaverlag.de

Beachten Sie auch unsere weiteren Verlage unter
www.muenchner-verlagsgruppe.de

INHALT

EINLEITUNG 7

WIRTSCHAFTSWISSENSCHAFTLICHE SCHULEN 11

Unterschiedliche Lehrmeinungen und Paradigmen 11
Vorläufer 12
Physiokraten 13
Klassische Schule 14
Marxismus 16
Neoklassische Schule 18
Keynesianismus 20
Neoklassische Synthese 25
Freiburger Schule und der Ordoliberalismus 26
Österreichische Schule 28

WIRTSCHAFTSSYSTEME 33

Was ist ein Wirtschaftssystem? 33
Zentralverwaltungswirtschaft 34
Marktwirtschaft 36
Staatskapitalismus 38
Gelenkte Marktwirtschaft 38
Soziale Marktwirtschaft 39

KNAPPHEIT UND TAUSCH: LOGIK DES MARKTES 43

Knappheit als Problem 43
Was ist ein Markt? 45
Nachfrage 46
Angebot 48
Das Prinzipal-Agent-Problem 49

EGOIST VERSUS ALTRUIST 53

Das menschliche Verhalten in wirtschaftlichen Situationen 53
Homo oeconomicus 54
Altruist? 55
Das »Sowohl als Auch« 56

GELD UND INFLATION 59

Der Geldbegriff 59
Entstehung des Geldes 60
Geld als Tauschmittel 61
Geld als Recheneinheit 62
Geld dient der Wertaufbewahrung 62
Der Wert des Geldes 63
Geldmengenexpansion 64

WACHSTUM UND KONJUNKTUR 71

Wachstum und Wohlstand 71
Ersparnis und Investitionen 72
Technischer Fortschritt 73
Konjunktur 75
Rezession 76
Depression 76
Recovery 77
Boom 78
Wachstum und Wachstumskritik 80

GLOSSAR 83

LITERATURVERZEICHNIS 91

EINLEITUNG

Dieses Buch *Wirtschaft in einer Minute erklärt* will dem Leser die wesentlichen Grundbegriffe und Zusammenhänge, die für das Verständnis der Wirtschaft erforderlich sind, in aller Kürze möglichst verständlich vermitteln. Wenn das Lesen dann auch noch Freude bereitet, umso besser.

Heute beschäftigen den Leser aktuelle wirtschaftliche Krisen, wie die 2008 ausgebrochene Wirtschafts- und Finanzkrise, die ihren Ausgang am US-Immobilienmarkt genommen hat, oder die Eurokrise, die ihre Wurzeln in Griechenland hat. Zum Verständnis dieser Krisen helfen grundlegende Kenntnisse über wirtschaftstheoretische Zusammenhänge. Deshalb sollen dem Leser folgende wirtschaftstheoretische Fragen vermittelt werden: Wie treffen Menschen wirtschaftliche Entscheidungen? Welche Ideen treiben die Wirtschaft an? Wie sind Wirtschaftskrisen zu vermeiden? Warum wird Wachstum üblicherweise als wichtig angesehen? Wie verlaufen Wirtschaftszyklen und wie kommt es zu Inflation?

An dieser Stelle taucht die Frage auf, welche Bedeutung überhaupt wirtschaftswissenschaftliche Denker haben. Wenn man aktuelle Medien verfolgt, werden sie, wenn überhaupt, selten erwähnt. Geschichtliche Bücher sind üblicherweise nur eine Aneinanderreihung von Friedens- und Kriegsphasen. Genauer dargestellt werden dann vorrangig nur die jeweilig prägenden Herrscher dieser Zeit. Der grausame »Einsatz des Schwertes« scheint – oberflächlich betrachtet – den Lauf der Geschichte zu bestimmen. Wirtschaftswissenschaftliche Vordenker sind eher »stille Helden« – wenn man sie so bezeichnen will – und wirken dementsprechend eher im Verborgenen. Das heißt aber nicht, dass sie nicht über enormen Einfluss verfügen. So haben beispielsweise Adam Smith, Karl Marx oder John Maynard Keynes, auf die wir hier im Buch eingehen, tiefgreifende Spuren auch für die Politik hinterlassen.

Ausgehend von diesem Gedanken ist das Buch auch aufgebaut: Am Anfang stehen Ideen, auf die dann die Ausgestaltung von Wirtschaftssystemen zurückgeht. Und in einem Wirtschaftssystem existieren Märkte, auf denen Akteure zusammentreffen. Dabei handelt es sich um eine mikroökonomische, also einzelwirtschaftliche Perspektive, in der das wirtschaftliche Verhalten von einzelnen Menschen und Wirtschaftssubjekten im Mittelpunkt steht. Diese Perspektive wird dann in den beiden folgenden Kapiteln auf die makroökonomische, also gesamtökonomische Perspektive angehoben. Hierbei richtet sich der Blick auf das Gesamtergebnis der individuellen Entscheidungen und der daraus resultierenden Gesamtverteilung von Gütern und Ressourcen. Diese beiden Sichtweisen werden im Kapitel über Geld und Inflationen miteinander verbunden.

Entsprechend dem in der Zeit der Aufklärung beliebten Grundsatz »Habe Mut, dich deines eigenen Verstandes zu bedienen« *(Sapere aude!)* will dieses Sachbuch nicht nur informieren, sondern dem Leser eine Möglichkeit zur differenzierten Beurteilung wirtschaftswissenschaftlicher und politischer Fragen ermöglichen.

WIRTSCHAFTSWISSENSCHAFTLICHE SCHULEN

Unterschiedliche Lehrmeinungen und Paradigmen

Jede Wissenschaft ist vom Ringen nach Erkenntnis geprägt und entwickelt sich im Laufe der Zeit. Die Volkswirtschaftslehre setzt sich dabei mit dem Problem der Güterknappheit auseinander. Die Knappheit von Gütern war zu jeder Zeit der Menschheit ein zentrales Problem. So bildeten sich immer wieder verschiedene Lehrmeinungen heraus, wie am besten mit diesem Problem umzugehen sei. Stimmen mehrere Theoretiker hinsichtlich bestimmter grundsätzlicher Überzeugungen überein, bilden sich sogenannte Paradigmen bzw. wissenschaftliche Schulen heraus. Gerade in der Volkswirtschaftslehre entstand eine Vielzahl verschiedener Paradigmen, die unser heutiges wirtschaftstheoretisches Verständnis prägen.

Vorläufer

Als wesentliche Vorläufer der modernen Volkswirtschaftstheorie gelten Aristoteles, Thomas von Aquin und die Schule von Salamanca.

Aristoteles (384–322 v. Chr.) betonte explizit die ökonomische Bedeutung des Privateigentums. Dieses entspreche nicht nur der menschlichen Natur, sondern sei auch für die Gemeinschaft vorteilhaft, weil sich der Einzelne um das kümmere, was ihm gehöre. Umgekehrt würden Güter nicht so gepflegt, wenn viele dafür verantwortlich seien. Das Kollektiv führe zu Unverantwortlichkeit, das Notwendige bleibe unerledigt. Damit war er gegensätzlicher Meinung wie Platon, der in seinem Hauptwerk über den idealen Staat (*Politeia*) eine Gütergemeinschaft für die oberen Stände im Sinn hatte – später nannte man diesen Ansatz »platonischer Kommunismus«.

Der Kirchenlehrer Thomas von Aquin (1224–1274) wurde von Aristoteles geprägt. Auch er sah keinen Raum für übertriebene Staatstätigkeit oder Kollektivierung. Ebenso sei ein ungezügeltes Gewinnstreben, das unbegrenzte

Vermehren von Reichtümern, ein Irrtum. Die wirtschaftlichen Aktivitäten sollten dem Wohl aller dienen. Thomas von Aquin differenzierte vor dem Hintergrund des geltenden Kirchenrechts, ob und inwieweit aus seiner Sicht die Zinserhebung erlaubt sei. Für zulässig hält er sie, wenn ein Gesellschafter Geld einbringt oder im Falle eines Kaufes auf Kredit. Verboten war es demgegenüber, Zinsen für verliehenes Geld zu verlangen.

Die im 16. Jahrhundert entstandene Schule von Salamanca (älteste Universität in Spanien) setzte sich aus einer Gruppe von Theologen und Juristen zusammen. Ihr Ziel war die Anpassung kirchlicher Denktraditionen und der Lehren Thomas von Aquins an die durch die Eroberung Süd- und Mittelamerikas und den zunehmenden internationalen Handel veränderten ökonomisch-politischen Strukturen.

Physiokraten

Die Physiokraten betonten im 18. Jahrhundert die Bedeutung der natürlichen Ressourcen. Grund und Boden wurde als entscheidende Quelle für den Reichtum eines Landes angesehen. Die von François Quesnay (1694–1774) geprägte ökonomische Schule schuf erste systematische Ansätze zur Erklärung volkswirtschaftlicher Prozesse.

Er formulierte in seinem *Tableau économique* erstmalig die Vorstellung von der mechanischen Zirkulationsfähigkeit der Produktion und des Verbrauchs. Diese Idee eines Wirtschaftskreislaufs, wurde auch für spätere Generationen von Ökonomen prägend. So auch für Adam Smith (1723–1790), der dem landwirtschaftlich geprägten System seine Politische Ökonomie entgegensetzte.

Klassische Schule

Die sogenannte Klassische Schule wurde wesentlich von Adam Smith geprägt, der mit seinem Buch *Der Wohlstand der Nationen* (im Original: *An Inquiry into the Nature and Causes of the Wealth of Nations*, 1776) als Urvater der modernen Volkswirtschaftslehre gilt. Weniger bekannt ist, dass Smith nicht nur Ökonom, sondern auch ein Moralphilosoph war. In seinem Buch *Theorie der ethischen Gefühle*, das bereits 1759 erschien, sieht er die Gerechtigkeit als Hauptpfeiler der menschlichen Gesellschaft. Sein System der Freiheit, in dem die Menschen moralische Normen aus freien Stücken beachten und daraus gesellschaftliche Vorteile ziehen, ist auf ökonomische Verbesserungen hin angelegt.

Nach Smith bildet die menschliche Arbeit in Verbindung mit den Prinzipen der Arbeitsteilung die Quelle des Wohlstandes. Die Steigerung der Arbeitsleistung, die infolge der Arbeitsteilung von der gleichen Anzahl Menschen zu bewerkstelligen ist, hängt Smith zufolge dabei von drei Faktoren ab:

- der größeren Geschicklichkeit jedes einzelnen Arbeiters,

- der Ersparnis der Zeit, die gewöhnlich beim Wechsel von einer Tätigkeit zur anderen verloren geht und

- der Erfindung einer Reihe von Maschinen, welche die Arbeit erleichtern, die Arbeitszeit verkürzen und den Einzelnen in die Lage versetzen, die Arbeit vieler zu leisten.

Modern formuliert versteht man unter Arbeitsteilung den planmäßigen, in einzelne Teilbereiche und Tätigkeiten zerlegten Prozess der Produktion von Konsum- und Produktionsgütern.

Ursache der Arbeitsteilung ist wiederum der psychologische Trieb des Menschen zu tauschen, der zum Handel mit Gütern führt. Smith liefert letztendlich eine Begründung für das marktwirtschaftliche Prinzip. In der Konsequenz entstehen Märkte als Orte, auf denen getauscht wird, und es wird das Geld als Mittel eingeführt, das den Tausch vereinfacht.

Neben Adam Smith gilt auch David Ricardo (1772–1823) als herausragender Vertreter der Klassischen Schule. David Ricardo, erfolgreich als Börsenhändler tätig, entwickelte die marktwirtschaftlichen Ideen von Adam Smith weiter. Vor allem die Theorie der komparativen Kostenvorteile geht auf ihn zurück, in der er das Prinzip der Arbeitsteilung auf den internationalen Markt übertrug und den freien Handel begründete. Er gilt als Begründer der modernen Freihandelstheorie.

Marxismus

Namensgebend für den Marxismus ist sein Gründungsvater Karl Marx (1818–1883). Der in Trier geborene Philosoph blieb vor allem als politischer Revolutionär in Erinnerung. 1848 verfasste er mit Friedrich Engels das *Kommunistische Manifest* mit den berühmten Anfangs- und Endsätzen: »Ein Gespenst geht um in Europa – das Gespenst des Kommunismus« und »Proletarier aller Länder, vereinigt Euch«.

In verschiedenen sozialwissenschaftlichen Disziplinen wie der Politikwissenschaft, der Soziologie und der Ökonomie waren die philosophischen Schriften von Marx sehr prägend. 1859 kam der erste Teilband seiner *Kritik der politischen Ökonomie* heraus. Darin entwarf er einen Gegenentwurf zur Klassischen Schule, welche im 19. Jahrhundert als politische Ökonomie bezeichnet wurde.

Karl Marx sah die Politik in der Verpflichtung, für eine Gerechtigkeit zu sorgen, um die sich eine kapitalistische Marktwirtschaft nicht kümmerte. Ausgangspunkt der marxistischen Kritik ist das Privateigentum, das als Quelle allen Übels gilt. In der sich im 19. Jahrhundert herausgebildeten Klassengesellschaft konnte das Bürgertum sein Privateigentum, insbesondere in Form von Produktionsmitteln, vergrößern. Marx beanstandete, dass die Kapitalisten immer mehr produzieren würden, während die Arbeiterklasse immer weiter verarme. Mit der zunehmenden Verarmung der Arbeiterklasse war nach Marx ein revolutionärer Umsturz unausweichlich, durch den die kapitalistische Wirtschaftsweise an ihr Ende gelange.

Marx beschrieb die Arbeiterkämpfe in den Industriegesellschaften als notwendige Schritte auf dem Weg zum Sieg der Arbeiterklasse bzw. des Proletariats. Die Lösung sah er in der Entwicklung einer sozialistischen und kommunistischen Gesellschaft.

Neoklassische Schule

Die auf die Klassiker folgende marktwirtschaftlich orientierte Generation ökonomischer Theorien wird landläufig als Neoklassik bezeichnet, die gegen Ende des 19. Jahrhunderts in England (Cambridge-Schule), in der Schweiz (Lausanner Schule) und Österreich (Wiener Schule) in unterschiedlichen Schulen Ausdruck fand.

Charakteristisch für die Neoklassik ist die subjektive Wertlehre, das Marginalprinzip und die Idee vom Marktgleichgewicht. Die subjektive Wertlehre erklärt, dass die Zahlungsbereitschaft für Güter von der individuellen und subjektiven Wertschätzung eines Gutes durch den Menschen abhängt. Die Veränderung der Zahlungsbereitschaft hängt wiederum von marginalen, also von sehr kleinen Änderungen der verfügbaren Menge ab. Der Gleichgewichtsgedanke besagt, dass alle Nachfrager, die beim gleichen Gleichgewichtspreis kaufen wollen, zum Zuge kommen und ebenfalls alle Anbieter, die bei diesem Preis verkaufen wollen. Das heißt also, dass alle Marktteilnehmer ihre Wirtschaftspläne verwirklichen können.

Verbunden ist die Neoklassik vor allem mit dem Namen Alfred Marshall (1842–1924), der in seinem Lehrbuch von 1891 *Principles of Economics* das erste Marktmodell vorgestellt hat, das bis heute Bestandteil eines jeden

Ökonomielehrbuchs ist. Außerdem haben der Schweizer Leon Walras (1834–1910) und der Österreicher Carl Menger (1840–1921) dieser Schule ihren Stempel aufgedrückt.

In der schweizerischen und der britischen Ausprägung der Neoklassik erfolgten auch eine starke Anwendung mathematischer Methoden und die Herausbildung eines elaborierten und schlüssigen Systems zur modellmäßigen Erklärung volkswirtschaftlicher Zusammenhänge, wohingegen die österreichische Ausprägung, aus der später die Österreichische Schule hervorgeht, der starken formalanalytischen Mathematisierung eher kritisch gegenübersteht.

Da die neoklassische Theorie die Auswirkungen und die Dauer der Weltwirtschaftskrise von 1929 nur unzureichend erklären konnte, trat sie in den Schatten der von John Maynard Keynes (1883–1946) formulierten *General Theory*. Eine deutliche Wiederbelebung erfuhr die Neoklassik dann in den 1950er- und 1960er-Jahren, bis sie schließlich in der »neoklassischen Synthese« aufging. Im Rahmen dieser »Synthese« wurden die Erkenntnisse der neoklassischen Theorie und der keynesianischen Theorie zusammengeführt, sodass sich diese gegenseitig ergänzen.

Keynesianismus

John Maynard Keynes gehört zweifellos zu den ganz großen Ökonomen, und das bereits zu Lebzeiten. Ausgebildet vor allem als Mathematiker, ist seine ökonomische Analyse nicht vorrangig wissenschaftlich-theoretisch ausgerichtet, sondern zielt auf die Lösung praktischer Probleme nicht zuletzt in Krisenzeiten ab. 1919 nahm er an der Friedenskonferenz in Versailles teil. Er hielt den dabei abgeschlossenen Vertrag für ungerecht. Die später folgende Destabilisierung der Wirtschaft und der Währung nicht nur der besiegten Staaten, sondern ganz Europas sah er früher und klarer als andere voraus. In seinem Buch *Die wirtschaftlichen Folgen des Friedensvertrages (The Economic Consequences of the Peace)*, das erstmals 1919 erschien, schrieb er, dass die Vernichtung der Währung den Umsturz der Grundlagen der Gesellschaft zur Folge hätte. Die Forschung zur Geldpolitik nahm bei ihm einen breiten Raum ein, zumal er zu der Überzeugung kam, dass falsche geldpolitische Entscheidungen verheerende Folgen haben können.

Nach vielen kleineren Veröffentlichungen kam 1930 das große zweibändige Werk *Vom Geld (A Treatise on Money)* heraus, ein geldtheoretisches Standardwerk, das sich noch relativ eng an klassischen Vorstellungen orientierte.

Danach ist zwischen dem rational geprägten Bewertungsaspekt des Kaufs und dem emotional bestimmten Markteinschätzungsaspekt zu unterscheiden, wobei letzterer bei Spekulanten dominiert.

Im Gegensatz zu Marx oder aktuell Thomas Piketty (geb. 1971) begrüßte Keynes die Investitionen der Reichen als Bestandteil des Kapitalismus, Ungleichheit und dessen Besteuerung sah er nicht als vorrangiges Problem: So hätten Reiche ihr überschüssiges Geld im 19. Jahrhundert auch zu Lebzeiten verprassen können, was sie nicht taten und was wohl auf noch größere Kritik gestoßen wäre. Sein Hauptwerk ist zweifellos die *General Theory of Employment, Interest and Money* (London 1936) bzw. *Allgemeine Theorie der Beschäftigung, des Zinses und des Geldes*, die er explizit der neoklassischen Theorie gegenüberstellte. Er beschrieb die Gefahren einer durch die Macht von Geldmanagern aus dem Ruder gelaufenen Wirtschaft, die ihre Ursache in einem kreditfinanzierten Investitions- und Marktboom haben. Dabei entsteht die Gefahr einer spekulativen Übertreibung. Die Wirtschaftssubjekte würden sich in Erwartung von Kursgewinnen an Kapitalmärkten verschulden. Aus den Spekulationsgewinnen würden Kredite wieder getilgt und der Restgewinn einbehalten. Allerdings besteht die Gefahr von Spekulationsblasen, sodass die Preise in Folge von hohen

Umsätzen stark steigen und dann zusammenbrechen, was bis zum Börsenkrach führen kann. Der in Folge eines Börsenkraches entstandene Vermögensverlust führt dann zu einem Ausfall der Nachfrage nach Konsum- und Investitionsgütern. Und der Nachfrageausfall führt zwangsläufig zu einem Rückgang der Produktion und zur Freisetzung von Arbeitskräften – die gesamtwirtschaftliche Entwicklung mündet in eine Rezession.

Zur Stimulierung der Wirtschaft in einer solchen Rezession schlug Keynes niedrigere Zinsen vor, die auch heutzutage als Antwort auf die Eurokrise zum Einsatz kommen. Die Zentralbank solle der Wirtschaft mehr Geld zur Verfügung stellen. Dadurch würde der Preis für geliehenes Geld, sprich die Zinsen, sinken. Die gesunkenen Zinsen würden zu einer Steigerung der Investitionen führen und die Haushalte hätten einen geringeren Anreiz zu sparen. Ergänzt werden sollte diese Politik außerdem durch eine expansive Fiskalpolitik: Der Staat solle seine Ausgaben erhöhen, um so den Ausfall der Ausgaben der Haushalte und der Unternehmen zu kompensieren.

Inzwischen wird Keynes weniger mit seinen Betrachtungen zur Geld- und Finanzpolitik in Verbindung gebracht, sondern mit der zumindest temporären Steuerung der Nachfrage durch den Staat. Berühmt ist das von den Überlegungen John Richard Hicks (1904–1989) abgeleitete

IS-LM-Diagramm, das die Zusammenhänge veranschaulicht. In den zwei Kurven des IS-LM-Diagramms werden der Gütermarkt (IS-Kurve) und der Geldmarkt (LM-Kurve) dargestellt, im Schnittpunkt dieser beiden Kurven befindet sich die Volkswirtschaft in einem Gleichgewicht, so ganz kurz das Modell.

Keynes geht es um die Korrektur möglicher Ungleichgewichte, er bietet den Politikern gewisse Entscheidungshilfen. Die richtige Dosierung der Lehren von Keynes müsste lauten: In Ausnahmefällen darf der Staat die Nachfrage anheizen, aber nicht in Form eines Dauerinterventionismus. Keynes trat also nicht für dauerhaft steigende Ausgabenprogramme, sondern für das staatliche Eingreifen in seltenen Extremsituationen ein.

Unter anderem entwickelte Hyman P. Minsky (1919–1996) den keynesianischen Ansatz weiter: Er beschrieb die Zeit von 1946 bis 1965 als eine Phase relativer Ruhe, wohingegen 1966 eine turbulente Periode anbrach: Die Banken begannen, ihre Risiken zu erhöhen, die in Phasen des Aufschwungs weiter gesteigert wurden. Ponzi-Finanzierer spielten bei diesem Aufschaukeln eine entscheidende Rolle: Der Begriff geht auf den amerikanischen Betrüger Charles Ponzi zurück. Im Sinne von Minsky sind damit Schuldner gemeint, die weder ihre Kredite tilgen noch die Zinsen bezahlen können und zwecks Bezahlung ihrer Schulden auf eine Wertsteigerung ihrer Vermögenswerte spekulieren.

Die Kreditklemme 1966, der Liquiditätsengpass 1970, die Bankenkrise 1974/75, die Inflationsspirale 1979/80 und die nationale wie internationale Krise 1981/82 waren Anomalien, deren Zustandekommen sich mit Schocks oder Irrtümern erklären lässt. Minsky zufolge wurden mit dem schnellen Wachstum institutioneller Investoren (Pensionsfonds, Versicherungen, Investmentfonds, Private-Equity- und Hedgefonds) Unternehmen des nicht-finanziellen Bereichs tendenziell entmachtet. Ihre Unternehmenspolitik hatte sich zunehmend an den Vorstellungen der Finanzanleger zu orientieren, die verstärkt kurzfristige Gewinnmaximierungs- und Weiterveräußerungsinteressen verfolgten. Das Argument der »Effizienz der Märkte« läuft seiner Kritik nach auf eine bloße Marketingstrategie für wenige Wohlhabende hinaus: Arbeitsmärkte wurden durch kurzfristiges Einstellen und Entlassen von Mitarbeitern zu »Spotmärkten«. Parallel dazu erhöhten Freiräume durch fehlende Regulierungen die Gefahr des moralischen Versagens, und die Aufsichtsorgane funktionierten nicht oder nur unzureichend. Womit wir wieder bei der aktuellen Krise sind: Auch der Staat trägt dann zur Systemdestabilisierung bei, er wird zu einem Ponzi-Finanzierer im Sinne von Minsky.

Neoklassische Synthese

Nach der Veröffentlichung der *General Theorie* konnten die Erkenntnisse von Keynes nicht einfach ignoriert werden. Nicht zuletzt Politiker griffen seine Empfehlung gerne auf, häufig die Lehren fehlinterpretierend und als Alibi für schuldentreibende Wachstumspolitik nutzend. Klassisch geprägte Ökonomen versuchten, die kritischen Ansätze von John Maynard Keynes mit den alten Dogmen der neoklassischen Theorie wieder in Einklang zu bringen.

Üblicherweise wird das bereits angesprochene IS-LM-Modell von John Richard Hicks als Neoklassische Synthese angesehen. Während der Arbeitsmarkt neoklassisch (völlige Preis- und Lohnflexibilität, Arbeitsmarkt mit Vollbeschäftigung) interpretiert wird, folgt die Güternachfrage, der Geld- und Kapitalmarkt dem IS-LM-Modell. Bei der Keynesschen Variante ist die Entlohnung dagegen fix und führt zu Unterbeschäftigung auf dem Arbeitsmarkt. Bei der Neoklassischen Synthese sind sowohl Elemente der keynesianischen als auch der neoklassischen Theorie enthalten. Nun könnte man sagen: »Das Imperium schlägt zurück«. Die Klassiker modelten ihre Erklärungsmodelle um. Andererseits wurde die Neoklassische Synthese von Joan Robinson (1903–1983) auch als »Bastard-Ökonomie« gescholten. Paul Samuelson (1915–2009) war der Hauptvertreter des neuen Kompromisses, der die keynesianischen Politikinstrumente trotz theoretischer Mängel pragmatisch interpretierte und in der Breite vermittelte.

Freiburger Schule und der Ordoliberalismus

Um den in Freiburg lehrenden Ökonomen Walter Eucken (1891–1950) bildete sich ab 1938 ein Kreis von Wissenschaftlern, darunter vor allem Juristen, Volkswirte und Soziologen, die bereits während des Dritten Reiches über eine marktwirtschaftlich geprägte Wirtschaftsordnung nachdachten. Dazu gehörten unter anderen Franz Böhm (1895–1977), Hans Großmann-Doerth (1894–1944), Wilhelm Röpke (1899–1966) und Alexander Rüstow (1885–1963). Aus diesem Kreis ging dann die sogenannte Freiburger Schule bzw. die Ordoliberale Schule hervor. Der Begriff »ordoliberal« bringt zum Ausdruck, dass eine auf dem Prinzip des Wettbewerbes beruhende liberale Wirtschaftsordnung einen stabilen Ordnungsrahmen (*ordo*) benötigt.

Dass Kartelle, also Zusammenschlüsse von Unternehmen zur Beschränkung des Wettbewerbs, für eine Marktwirtschaft schädlich sind, stand im Fokus der Kritik. Franz Böhm ging sogar so weit, in ihnen »Schrittmacher für die Überführung eines freien in ein autoritäres Wirtschaftssystem« zu sehen. Unabhängig von dieser Gefahr, bei der man wohl an die wirtschaftlichen Interessen der Kohle-, Stahl- und Rüstungsindustrie dachte, ging es ganz grundsätzlich um das ideale Ausmaß von wirtschaftlicher Freiheit. Mit der Einsicht, dass die Koalitionsbildung starker Wirtschaftseinheiten eingeschränkt gehörte, um eine funktionierende Marktwirtschaft sicherzustellen. Dadurch erhielten Markteinsteiger oder kleinere Anbieter mehr Freiheit für wirtschaftliche Aktivitäten. Wettbewerbssicherung erschien Anhängern dieser Schule für das Gelingen der Sozialen Marktwirtschaft grundlegen, was in der Formel »Freiheit durch Wettbewerb« gipfelte.

Der Begriff »Ordoliberalismus« ist eng mit Walter Eucken verbunden. Staatliche Ordnung soll seiner Ansicht nach erst die Freiheit wirtschaftlichen Handels sichern. Hierzu formulierte er in seinem 1952 erschienen Buch *Grundsätze der Wirtschaftspolitik* sogenannte konstituierende und regulierende Prinzipien. Zu den sieben konstituierenden Prinzipien gehören als Grundprinzip die Wettbewerbssicherung, darüber hinaus ein stabiles Geldsystem, offene Märkte, Privateigentum, Vertragsfreiheit, Haftung und die Konstanz der Wirtschaftspolitik.

Die vier regulierenden Prinzipien umfassen Monopolkontrolle, Korrekturen bei den Einkommen (Steuerprogression), Berücksichtigung von externen Effekten und deren

Einbeziehung in die wirtschaftliche Kalkulation nach dem Verursacherprinzip, ohne das Preissystem zu verzerren (wie es zum Beispiel bei dem Zertifikate-Handel zur Sicherung des Umweltschutzes der Fall ist), und das wirtschaftspolitische Eingreifen im Fall eines anormalen Verhaltens der Angebotsseite (beispielsweise wenn die Nachfrage trotz steigender Preise weiter zunimmt, etwa im Fall von Spekulation).

Die ordnungspolitischen Vorstellungen der sogenannten Freiburger Schule wurden nur teilweise verwirklicht. Bereits das 1958 in Kraft getretene Kartellgesetz wurde durch Interessenvertreter ausgehöhlt, nach dem Abgang des Bundeskanzlers Ludwig Erhard (1897–1977) verloren ordnungspolitische Grundsätze zu Lasten einer pragmatisch-populistischen Wohlfahrtsökonomie weiter an Bedeutung.

Österreichische Schule

Man könnte statt der Österreichischen Schule auch konkreter von der Wiener Schule sprechen, da die Hauptvertreter in der Metropole des damaligen Vielvölkerstaates Österreich-Ungarn lehrten. Ausgangspunkt für diese Schule war der Methodenstreit mit der sogenannten Deutschen Historischen Schule, einem weiteren Paradigma, das im Wesentlichen seinen akademischen Schwerpunkt an den deutschen Universitäten im 19. Jahrhundert hatte. Im Kern dieses Streites ging es um die richtige Art und Weise, um zu ökonomischen Erkenntnissen zu gelangen. Die Vertreter der Historischen Schule bevorzugten den induktiven Weg. Also der Erkenntnisgewinnung durch Schlussfolgerungen von historischen Einzelfallbeobachtungen auf das Ganze. Die Österreichische Schule dagegen bevorzugte die deduktive Methode, wonach sich Schlussfolgerungen aus der logischen Ableitung über Annahmen des menschlichen Handelns treffen lassen.

Während die Deutsche Historische Schule den Fokus auf die induktive Theoriegewinnung anhand der Analyse wirtschaftshistorischer Befunde legte und sie zu erklären versuchte, setzten die Österreicher erkenntnistheoretisch am Individuum und seinem Handeln als Ansatzpunkte für ihre wirtschaftswissenschaftliche Forschung an.

Als Gründungsvater der Österreichischen Schule gilt Carl Menger. Er formulierte die auch heute noch gültige Markttheorie, wonach die Preisbildung auf Märkten in Folge des Tausches subjektiv bewerteter Güter erfolgt. Die Bewertung der Güter richtet sich dabei nach dem Nutzen, den sich das Individuum davon verspricht.

Neben Menger gehört auch Eugen Böhm von Bawerk (1851–1914) zu ihren Begründern. Böhm von Bawerk ergänzte die Überlegungen Mengers um kapitaltheoretische Betrachtungen, wonach Individuen ihr Geld lieber in der Gegenwart ausgeben, weil sie sich über die Zukunft unsicher sind. Um sie dennoch zum Gewähren von Krediten zu bewegen, muss man ihnen zum Ausgleich Zinsen anbieten. So betrachtet ist der Zins nicht der Preis des Geldes, sondern der Preis für die Zeit. Er belohnt den Kreditgeber für eine Verschiebung seines Gegenwartskonsums in die Zukunft.

Spätere Vertreter dieser Schulrichtung waren Ludwig von Mises (1881–1973) und sein Schüler Friedrich August von Hayek (1899–1992), gemeinsam leiteten sie ab 1927 das Österreichische Institut für Konjunkturforschung. Letzterer erläuterte die sich ergebenden ökonomischen Schwankungen in seinem 1929 erschienenen Buch *Geldtheorie und Konjunkturtheorie*. Im Gegensatz zu John Maynard Keynes sah von Hayek die Gründe für konjunkturelle Schwankungen nicht in mangelnder Nachfrage, sondern der Über- und Unterinvestition der Produzenten im Zuge der geldpolitischen Interventionen.

Wie Keynes berücksichtigte auch Hayek Unsicherheit. Aber anders als Keynes, der die privatwirtschaftliche Unsicherheit mit staatlichen Aktivitäten bekämpfen wollte, führte Hayek die Unsicherheit auf Marktprozesse zurück. Die Interventionen durch den Staat erfolgen ebenfalls unter Unsicherheit und sind fehlerbehaftet, auch hinsichtlich des Timings, und destabilisieren so die Privatwirtschaft, Vertreter der Österreichischen Schule würden von einer Anmaßung des Wissens sprechen.

Die Konjunkturtheorie Joseph A. Schumpeters (1883–1950) setzt vor allem auf den »dynamischen Unternehmer«, den er in seinem 1911 erstmals erschienenen Buch *Die Theorie der wirtschaftlichen Entwicklung* beschrieb. Die marktwirtschaftliche Erneuerung ist demnach mit der kreativen Zerstörung überkommener Strukturen verbunden.

ter Unsicherheit und sind fehlerbehaftet, auch hinsichtlich des Timings, und destabilisieren so die Privatwirtschaft, Vertreter der Österreichischen Schule würden von einer Anmaßung des Wissens sprechen.

Die Konjunkturtheorie Joseph A. Schumpeters (1883–1950) setzt vor allem auf den »dynamischen Unternehmer«, den er in seinem 1911 erstmals erschienenen Buch *Die Theorie der wirtschaftlichen Entwicklung* beschrieb. Die marktwirtschaftliche Erneuerung ist demnach mit der kreativen Zerstörung überkommener Strukturen verbunden.

WIRTSCHAFTSSYSTEME

Was ist ein Wirtschaftssystem?

Der Begriff »Wirtschaftssystem« beschreibt idealtypisch die Art und Weise der Lenkung einer Volkswirtschaft. Gängige Klassifikationskriterien für ein Wirtschaftssystem sind die Verwendungsplanung für die Produktionsfaktoren und die Güterverteilung. Erfolgt die Güterverteilung dezentral über Märkte unter Nutzung des Markt-Preis-Mechanismus und treffen die Unternehmen bzw. die Haushalte selbstständig die Entscheidungen über die Verwendung von Ressourcen, spricht man von einer »Verkehrswirtschaft« bzw. moderner von einer »Marktwirtschaft«. Werden dagegen die Entscheidungen über die Produktion und Verteilung von Gütern durch eine zentrale Instanz getroffen, spricht man von einer

Zentralverwaltungswirtschaft, die umgangssprachlich auch als Planwirtschaft bezeichnet wird.

Zentralverwaltungswirtschaft

Für die Zentralverwaltungswirtschaft ist insbesondere kennzeichnend, dass eine Zentralstelle darüber entscheidet, was, wie und in welchen Mengen produziert wird. Die Pläne der einzelnen Betriebe und Haushalte erfolgen nicht selbstständig durch eine freie Preisgestaltung. Vielmehr entscheidet die Zentralstelle über Produktionsprozesse und über die Verteilung des Sozialprodukts, also der Güter und Dienstleistungen.

Diese Wirtschaftsform geht im Wesentlichen auf die Kriegswirtschaft im Ersten Weltkrieg zurück, als es darum ging, unabhängig von wirtschaftlichen Überlegungen den Munitions- und Waffenbedarf für die Armeen zentral zu decken. Dieses Prinzip wurde dann zum Vorbild für die sowjetische Planwirtschaft.

Merkmale der zentralen Verwaltungswirtschaft sind die vom Staat beziehungsweise dessen Planungsbehörden aufgestellten Wirtschaftspläne. Der Staat lenkt dabei den gesamten Wirtschaftsprozess, in dem er Unternehmen entsprechende Produktionsvorgaben macht (Plansoll). In einem zweiten Schritt werden Produktionsbilanzen erstellt. Für jedes Einzelprodukt wird eine eigene Produktbilanz aufgestellt und auf der anderen Seite die notwendige Menge an Produktionsfaktoren gegenübergestellt. Die notwendige Gesamtmenge an Produktionsfaktoren ergibt sich aus dem Aufaddieren der einzelnen Bilanzen. Ist die notwendige Menge an Produktionsfaktoren in Erfahrung gebracht, wird diese den vorhandenen Produktionsfaktoren gegenübergestellt. Die Differenz zwischen den notwendigen und den vorhandenen Produktionsfaktoren spiegelt den Knappheitsgrad wider. Überall, wo in den Faktorbilanzen Fehlmengen sichtbar werden, müssen die Produktionsziele angepasst werden. Die Einhaltung der Planvorgaben wird dabei durch staatlichen Zwang durchgesetzt.

Das Problem eines solchen Wirtschaftssystems besteht vor allem darin, dass das Plansoll nicht zwangsläufig die Konsumwünsche berücksichtigt. Die Folge eines solchen Lenkungssystems ist die Herausbildung von »schwarzen Märkten«, auf denen durch privaten Tausch die Ungleichgewichte, die durch Fehlplanung zustande gekommen sind, ausgeglichen werden.

Auch in einer Zentralverwaltungswirtschaft kann Privateigentum existieren – entscheidend ist, dass die staatlichen Planungsbehörden das Recht haben, über die Verwendung der im Privateigentum befindlichen Produktionsfaktoren zu verfügen! Befinden sich die Produktionsfaktoren, vor allem Boden und Kapital, dagegen in den Händen des Staates, spricht man von einem sozialistischen System.

Marktwirtschaft

Das marktwirtschaftliche System beruht auf dem Prinzip des Privateigentums und der vollständigen Konkurrenz. Bei einem so funktionierenden Wettbewerb bedarf es keiner zentralen Steuerung der Wirtschaft. Denn hier entscheiden die Konsumenten über den alltäglichen Wirtschaftsprozess, welcher durch den Preisautomatismus gelenkt wird. Die Merkmale einer Marktwirtschaft sind damit:

– eine dezentrale Planung der Konsumentscheidungen durch Haushalte bzw. Investitionsentscheidungen der Unternehmen,

– die Verteilung der Güter über Märkte,

– ein Preismechanismus, in dem sich eine Knappheit an Konsumgütern und Produktionsfaktoren gegebenenfalls niederschlägt und

- die Herausbildung unterschiedlicher Markt- und Geldformen.

Ausgehend von den beiden genannten Idealtypen lassen sich jetzt noch weitere Zwischenformen definieren, die eine immer zutreffendere Annäherung an die Realität darstellen. Je nachdem, ob in einer Volkswirtschaft privates Eigentum an Produktionsfaktoren oder öffentliches Eigentum herrscht, gilt das Wirtschaftssystem als kapitalistisches oder als sozialistisch.

Die offensichtlichen Schwächen einer reinen Planwirtschaft beziehungsweise Zentralverwaltungswirtschaft haben zum Beispiel die Form des »Konkurrenzsozialismus« hervorgebracht. Oskar Lange (1904–1965) und Abba P. Lerner (1903–1982) entwickelten dazu theoretische Ansätze: Eine kollektivistische Ordnung sollte so organisiert werden, dass ökonomische Ergebnisse wie im Konkurrenzkapitalismus möglich wurden. Dazu bedurfte es der Einführung von marktwirtschaftlichen Elementen, die es Unternehmen erlauben, innerhalb eng gesteckter Grenzen Produktionsentscheidungen selbst zu treffen. Der Staat bleibt dabei Eigentümer der Unternehmen und tritt als volkswirtschaftliches Lenkungsorgan auf, während sich die Mengen nach der tatsächlichen Nachfrage richten.

Staatskapitalismus

Der Staatskapitalismus lässt im Gegensatz zum Konkurrenzsozialismus Privateigentum zu. Gleichzeitig sind die Verfügungsrechte zu Gunsten einer zentralen Planinstanz eingeschränkt. Auf Grund von marktwirtschaftlichen Funktionsmängeln ist diese Wirtschaftsform nur temporär vorstellbar. Die Übergänge zwischen einem staatskapitalistischen System und einer Zentralverwaltungswirtschaft sind fließend. Weitgehend unstrittig ist, dass Kartelle und monopolkapitalistische Strukturen den Umbau zu Gunsten einer zentralen staatlichen Lenkung erleichtern.

Gelenkte Marktwirtschaft

Die »gelenkte Marktwirtschaft« ist die Mischform, die wir weitgehend in Deutschland vorfinden. Den privaten Entscheidern wird weiterhin eine gewisse »Planungsbefugnis« zugestanden. Diese Marktorientierung wird durch einen regulierenden Ordnungsrahmen ergänzt. Sie betreffen die Wirtschaftsverfassung und die Möglichkeiten interventionistischer Lenkungseingriffe, wenn das Marktergebnis aus Sicht politischer Entscheidungsträger nicht überzeugt. Mögliche Eingriffsgründe sind eine gerechte Einkommensverteilung, die Sicherung von

Vollbeschäftigung oder die Stabilität des Preisniveaus. Die Stabilität des Preisniveaus bedeutet in diesem Zusammenhang, dass die (relativen) Preise ihre Funktion als Steuerungs- und Signalfunktion behalten. Unternehmer können so erkennen, welche Güter wirklich knapp sind und in welchen Bereichen neue Investitionen zu tätigen sind.

Soziale Marktwirtschaft

Das Wirtschaftssystem der Bundesrepublik wird offiziell als »Soziale Marktwirtschaft« bezeichnet, was dem Typus der gelenkten Marktwirtschaft eine weitere Nuancierung hinzufügt. Den Begriff selbst prägte Alfred Müller-Armack (1901–1978), ein Staatssekretär im Bundeswirtschaftsministerium in der Ära Ludwig Erhard. Für ihn war die Soziale Marktwirtschaft nicht nur eine Wirtschaftsordnung, sondern zugleich ein Gesellschaftsmodell, das auf sozialen Ausgleich durch Umverteilung in Verbindung mit einer marktwirtschaftlichen Ordnung setzt. In theoretischer Hinsicht orientiert sich die Soziale Marktwirtschaft an den Überlegungen der Freiburger Schule insbesondere in der Gründungsphase der Bundesrepublik bis zum Ende der Kanzlerschaft Ludwig Erhards, der als Vater der Sozialen Marktwirtschaft gilt.

Ökonomischer Wettbewerb und die Freiheit der Bürger auf den Märkten standen im Vordergrund der bereits beschriebenen Freiburger Schule. Der Staat sollte diese Ordnung der Wirtschaft garantieren, um möglichst Wettbewerb und Freiheit zu sichern. Die Entmachtung von Monopolen und Kartellen durch Wettbewerb stand im Fokus.

Ludwig Erhard setzte bis zum Ende seiner Amtszeit auf die Sicherung des Wettbewerbs. Dies entsprach auch seinen wirtschaftlichen Vorstellungen: In den Konsumenten sah er Arbeitgeber der Wirtschaft. Kartelle sollten durch die Wettbewerbsaufsicht des Bundeskartellamtes vermieden werden. Man könnte hier von ›Machtkontrolle als soziales Sicherungsprinzip‹ sprechen, denn Kartelle schaffen eine Umverteilung zu Gunsten privilegierter Gruppen. Dieser soziale Aspekt der Wettbewerbssicherung diente sowohl den Anbietern, die eine faire Marktchance erhielten, als auch, in Form niedriger Preise, den Verbrauchern.

Das Wirtschaftssystem der Sozialen Marktwirtschaft entwickelt sich fortlaufend weiter, sodass die Intensität staatlicher Lenkung zu jeder Zeit sowohl qualitativ als auch quantitativ unterschiedlich ist. So war ein Kernprojekt zur Ausgestaltung der Sozialen Marktwirtschaft die Schaffung des »Gesetztes gegen Wettbewerbsbeschränkung« im Jahr 1957. In den 1960er-Jahren folgte dann das Stabilisierungsgesetz, das den Rahmen für konjunkturelle Eingriffe absteckt. Zwischenzeitlich ist der Lenkungscharakter beim Streben um sozialen Ausgleich noch verstärkt worden. Beispiele bilden staatliche Interventionen in der Sozial-, Arbeitsmarkt- (Mindestlohn), Gesundheits- und Energiepolitik (Ausstieg aus der Kernenergie, Energiewende) und der Wohnungsversorgung (Mietpreisbremse).

KNAPPHEIT UND TAUSCH: LOGIK DES MARKTES

Knappheit als Problem

Mit Karl Marx könnte man die Ökonomie als eine »Wissenschaft von der Verwaltung des Mangels« definieren und damit explizit das Grundproblem der Knappheit ansprechen. Alle Wirtschaftsgesellschaften sind von der Knappheit an Gütern geprägt. Wir leben ja nicht im Schlaraffenland, das durch unbegrenzte Güter gekennzeichnet ist, wie es Pieter Bruegel der Ältere (1525–1569) auf seinem Bild in der Alten Pinakothek in München eindrucksvoll dargestellt hat. Konkret bedeutet Knappheit, dass es in Relation zu den Bedürfnissen der Wirtschaftssubjekte (Haushalte und Unternehmen) zu wenige Güter gibt. Der Grund dafür ist die Tatsache, dass nur eine begrenzte Anzahl von Produktionsfaktoren (in Form von Arbeit, Boden und Kapital) zur Herstellung von Produktions- und Konsumgütern zur Verfügung steht. Die Existenz von Güterknappheit erfordert daher den planmäßigen und ressourcenschonenden, also den ökonomisch effizienten Einsatz der knappen Produktionsfaktoren zur Befriedigung der menschlichen Bedürfnisse.

Kennzeichnend für den effizienten Umgang mit knappen Gütern in einer modernen Marktwirtschaft ist dabei das Prinzip der Arbeitsteilung, also den planmäßigen, in einzelne Teilbereiche und Tätigkeiten zerlegten Prozess der Produktion von Konsum- und Produktionsgütern. In der arbeitsteiligen Produktion sind die Menschen voneinander abhängig, während die Gesellschaft wiederum auf die wirtschaftliche Leistung ihrer einzelnen Mitglieder angewiesen ist. Die Abhängigkeit besteht vor allem darin, dass Unternehmen auf die Produktionsfaktoren angewiesen sind, die ihnen die Haushalte zur Verfügung stellen, was insbesondere für den Produktionsfaktor der menschlichen Arbeit gilt. Die Haushalte wiederum sind darauf angewiesen, dass Unternehmen in ausreichendem Maße Güter produzieren. Damit stellt sich aber ein Koordinationsproblem: Wie erlangen die Haushalte die Konsumgüter und wie kommen die Unternehmen in den Besitz von Produktionsfaktoren? Dieses Koordinationsproblem wiederum löst der Markt.

Was ist ein Markt?

Allgemein definiert ist der Markt jeder Ort, an dem Angebot und Nachfrage in Übereinstimmung gebracht werden. Dabei muss der Markt nicht notwendigerweise ein physischer Ort sein wie beispielsweise ein Wochenmarkt. Es kann sich genauso gut um einen virtuellen Ort handeln wie etwa das Internet. Durch das Zusammentreffen von Angebot und Nachfrage entsteht dann ein Marktpreis beziehungsweise Gleichgewichtspreis, zu dem eine bestimmte Menge eines Gutes auf einem Markt umgesetzt wird. Der Marktpreis stellt dabei einen Knappheitsindikator dar, der angibt, wie viele Güter gegen Geld eingetauscht werden können.

Eine Marktwirtschaft ist wiederum durch eine Vielzahl an Märkten gekennzeichnet. So gibt es Märkte, auf denen zu Haushalten zusammengeschlossene Menschen Konsumgüter für den täglichen Bedarf kaufen. Aber es existieren auch Märkte, auf denen Unternehmen Arbeitskraft oder Kredite für Investitionen nachfragen. In diesen Fällen spricht man von sogenannten Faktorenmärkten, weil Produktionsfaktoren wie Arbeit oder (Geld-)Kapital nachgefragt werden.

Der Marktmechanismus sorgt wiederum dafür, dass Angebot und Nachfrage ausgeglichen werden. Im Falle eines Überangebots, also wenn das Angebot an Gütern höher ist als die nachgefragte Menge, entsteht ein Druck auf den Preis nach unten in Richtung auf den Gleichgewichtspreis. Durch das Fallen des Preises nimmt die nachgefragte Menge zu, die angebotene Menge nimmt ab. Besteht auf der anderen Seite eine höhere Nachfrage nach Gütern, die das Angebot übersteigen (= Überschussnachfrage), sorgen steigende Preise dafür, dass die nachgefragte Menge abnimmt.

Nachfrage

Auf Konsumgütermärkten treten die Haushalte als Nachfrager auf. Dabei variiert die nachgefragte Menge eines Gutes in Abhängigkeit vom Preis. Bei steigendem Preis fällt die nachgefragte Menge eines Gutes und im umgekehrten Fall steigt die nachgefragte Menge mit fallendem Preis. Dieser Zusammenhang wird als sogenanntes Gesetz der Nachfrage bezeichnet.

Eine Erklärung für diesen Zusammenhang liefert eine Analyse des »Nutzens«. Menschen wird vor allem von den sogenannten neoklassischen Ökonomen unterstellt, dass sie das Ziel haben, ihren Nutzen zu maximieren. Nutzen wird in diesem Sinne als die Fähigkeit eines Gutes verstanden, zur Bedürfnisbefriedigung beizutragen. Der Grad der Bedürfnisbefriedigung ist abhängig von der konsumierten Menge des Gutes selbst. Dabei ist zwischen dem Gesamtnutzen und dem Grenznutzen eines Gutes zu unterscheiden: Der Gesamtnutzen ist jener Nutzen, der durch die insgesamt konsumierte Menge eines Gutes erreicht wird. Der Grenznutzen misst dagegen den Zuwachs des Gesamtnutzens durch den Konsum einer weiteren marginalen, also sehr kleinen Einheit des betreffenden Gutes. Diesen Zusammenhang soll folgendes Beispiel illustrieren: Sie sind in einer Wüste (großer Wassermangel) kurz vor dem Verdursten und kommen an einem Stand vorbei, an dem Wasser verkauft wird. Der Händler verlangt »Mondpreise«, also einen unverschämt hohen Wucher für sein Gut. Dennoch werden Sie bereit sein, diesen zu zahlen, weil ihr Nutzen extrem hoch ist: Sie brauchen das Wasser, weil sie sonst verdursten würden. Wenn Sie aber ihren Durst gestillt haben, werden Sie nicht mehr bereit sein, so viel für eine Flasche Wasser zu zahlen. Warum? Jede weitere Flasche würde zwar auch noch einen Nutzen stiften, der aber immer geringer werden würde und weit unter dem Nutzen der ersten Flasche läge, die Sie bereits konsumiert haben. Das heißt also, dass mit zunehmenden Konsum eines Gutes der Grenznutzen an einem Gut und damit die individuelle Wertschätzung dieses Gutes fallen. Verbunden mit dem Rückgang der Wertschätzung sinken folglich die Nachfrage und die Zahlungsbereitschaft für dieses Gut. Dieser Zusammenhang wird auch als das »Gesetz vom abnehmenden Grenznutzen« bezeichnet, dessen Zusammenhang der deutsche Ökonom Hermann Heinrich Gossen (1810–1858) zum ersten Mal Mitte des 19. Jahrhunderts beschrieben hat.

Angebot

Auf der anderen Seite bieten Unternehmen auf Märkten Konsumgüter und Dienstleistungen an, die aus der Kombination von Produktionsfaktoren gewonnen werden. Dabei sind die Unternehmen bereit, mit zunehmendem Marktpreis eine größere Gütermenge anzubieten. Dieser Zusammenhang wird als »Gesetz des Angebotes« bezeichnet.

Es besagt, dass bei einer kurzfristigen Ausweitung der angebotenen Menge ein Unternehmen auch mehr Produktionsfaktoren auf Gütermärkten kaufen muss, was aus Sicht des Unternehmens Kosten nach sich zieht. Diese möchte das Unternehmen auch wieder über einen höheren Preis hereinwirtschaften.

Langfristig ist es allerdings möglich, dass ein Unternehmen durch technischen Fortschritt oder durch günstigere Faktorpreise in der Lage ist, mit der gleichen Menge an Produktionsfaktoren mehr anzubieten. Dies würde bei gleicher Nachfrage zu sinkenden Preisen führen.

Das Prinzipal-Agent-Problem

Bei der bisherigen Erklärung der Funktionsweise von Märkten wurde implizit davon ausgegangen, dass auf Märkten die Informationen über Qualität und Quantität zwischen Anbietern und Nachfragern gleich verteilt sind. In einer modernen arbeitsteiligen Gesellschaft ist aber anzunehmen, dass der Hersteller beziehungsweise der Anbieter mehr über das Produkt und dessen Eigenschaften weiß als der Nachfrager.

Die damit entstehenden Probleme wiederum erklärt die »Prinzipal-Agent-Theorie«. In dieser Beziehungskonstellation ist der Prinzipal derjenige, der als Nachfrager nach einem Gut beziehungsweise als Auftraggeber einer Dienstleistung auftritt. Der Agent ist wiederum derjenige, der als Auftragnehmer beziehungsweise als Anbieter auftritt. Da der Agent nun einen Informationsvorsprung hat, wird im Kontext dieser Theorie unterstellt, dass er opportunistisch handeln und versuchen wird, sich durch List oder Betrug einen ökomischen Vorteil zu verschaffen.

Ein Beispiel dafür bieten »Märkte für Zitronen«. Unter »Zitronen« werden dabei Produkte schlechter Qualität wie zum Beispiel alte Gebrauchtwagen bezeichnet, die sich nach dem Kauf als eine »lahme Gurken« entpuppen.

In einem solchen Markt macht der Verkäufer den größten Gewinn, der am meisten betrügt, dem es also gelingt, einen schlechten Wagen zu einem möglichst hohen Preis zu verkaufen. Die Käufer von Gebrauchtwagen werden daraufhin skeptisch und nicht mehr bereit sein, hohe Preise zu bezahlen. Daraufhin scheiden seriöse Verkäufer aus dem Markt aus, weil ihnen die Preise, die sie erzielen können, zu niedrig werden. Am Ende bricht der Markt zusammen.

Das Kernproblem besteht darin, dass in einer arbeitsteiligen Gesellschaft Märkte funktionieren müssen, um knappe Güter zu verteilen. Es würde sonst zu Versorgungsengpässen kommen. Der Staat reagiert auf das Prinzipal-Agent-Problem beispielsweise dadurch, dass er Gütesigel einführt, um für Markttransparenz zu sorgen, oder indem er Verkäufer zur Gewährleistung für seine Güter verpflichtet.

Das Prinzipal-Agent-Problem basiert im Grunde auf einem negativen Menschenbild, das dem Agenten unterstellt, eine Informationslücke ausnutzen, um durch List oder Betrug einen Vorteil zu erlangen. Man spricht in diesem Zusammenhang von »opportunistischem Handeln«. Damit sich der Prinzipal davor schützen kann, muss er Maßnahmen ergreifen, um die Informationslücke zu schließen. Dies ist aber mit zusätzlichen Kosten verbunden. In dem Moment, wo der Staat beispielsweise Maßnahmen ergreift, um Informationslücken zu schließen und Markttransparenz zu schaffen, verringert er das Potential opportunistischen Handels und trägt zur marktwirtschaftlichen Effizienz bei.

EGOIST VERSUS ALTRUIST

Das menschliche Verhalten in wirtschaftlichen Situationen

Das Kernproblem, mit dem sich die Wirtschaftswissenschaften befassen, sind die allgemeinen Probleme der Güter- beziehungsweise Rohstoffknappheit in der Welt. Menschen müssen sich daher entscheiden, welche knappen Konsumgüter sie mit ihrem Budget kaufen. Unternehmen wiederum müssen entscheiden, welche Konsum- bzw. Produktionsgüter aus den knappen Produktionsfaktoren hergestellt werden. Die ökonomische Theorie geht meist davon aus, dass dabei die konkrete Entscheidung einem Individuum zugeordnet werden kann. So entscheidet beispielsweise die Hausfrau oder der Hausmann, was eingekauft wird. Ein Vorstand eines Unternehmens entscheidet wiederum, was produziert werden soll. Diese

Verhaltensannahme wird als methodologischer Individualismus bezeichnet. Dabei wird in der neoklassischen Wirtschaftstheorie angenommen, dass die genannten Entscheidungen rational getroffen werden. Wendet jemand nun rationale Methoden an, um seine individuellen Knappheitssituationen zu bewältigen, ist die Rede vom »homo oeconomicus«.

Homo oeconomicus

Der Begriff selbst geht dabei auf den italienischen Ingenieur und Ökonomen Vilfredo Pareto (1848–1923) zurück. Gemeinhin wird der *homo oeconomicus* als ein vom Gefühl des Mangels bestimmtes Geschöpf dargestellt, das vom Wunsch nach Maximierung des eigenen Nutzens getrieben ist, um immer noch mehr Besitz anzuhäufen. Damit erscheint er gleichsam wie ein herzloser Egoist.

Genauer betrachtet ist der *homo oeconomicus* ein Modellindividuum: Es wird angenommen, dass er durch seine Handlungen seine Präferenzen, also seine Wünsche und Bedürfnisse, offenbart. Er agiert dabei im ökonomischen Sinne strikt rational. Das bedeutet, dass er aus verschiedenen Alternativen diejenige auswählt, welche ihm selbst die größtmögliche Annäherung an die Erfüllung seiner Wünsche und Bedürfnisse erlaubt. Er nutzt dabei die verfügbaren Informationen, wägt diese ab und wählt aus einer komplexen Fülle jene Möglichkeiten aus, die seinen Nutzen maximieren. Die Mittel zur Zielerreichung sind dabei durch Normen und ethische Vorstellungen eingeschränkt. Damit wird nicht behauptet, dass alle Menschen auch genauso handeln. Vielmehr dient die Vorstellung vom *homo oeconomicus* als erkenntnisleitendes Menschenbild, das wirtschaftliche Zusammenhänge klären hilft.

Altruist?

Dieses Menschenbild des *homo oeconomicus* wird aber seit einiger Zeit in der ökonomischen Diskussion wegen seiner strikten Annahmen über das menschliche Verhalten kritisiert. Dies gilt insbesondere für die Annahme der »offenbarten Präferenzen«: Wie man aus eigener Erfahrung weiß, werden nicht alle Konsumentscheidungen rein rational getroffen, es spielen auch emotionale Gesichtspunkte eine Rolle. Experimente von Verhaltensökonomen und Psychologen haben dies nachgewiesen.

Aus diesen Erkenntnissen wird verallgemeinernd abgeleitet, dass die Rationalität des Menschen begrenzt ist. Sie machen Fehler bei der Informationsaufnahme und -verarbeitung. Gleiches gilt für die Willenskraft des Menschen: Sie vertagen unbequeme Entscheidungen. Gegen die Annahme des auf Nutzenmaximierung ausgerichteten *homo oeconomicus* wird insbesondere das auf begrenzten Eigennutz ausgerichtete Handeln eines *homo socialis* ins Feld geführt. Denn Menschen sind nicht einfach nur als egoistische, sondern auch als soziale Wesen anzusehen. So sorgen sie sich auch um das Wohl der anderen und setzen sich für Gerechtigkeit ein. In diesem Licht erscheint der Mensch eher als ein Altruist denn als ein Egoist.

Das »Sowohl als Auch«

Die insbesondere der Neoklassik zugrunde liegende Verhaltensannahme eines *homo oeconomicus* ist mit vielen Befunden der Psychologie auf den ersten Blick nur schwer vereinbar. Das Menschenbild der neoklassischen Ökonomie ist in der Literatur sogar als »anti-behavioral«, also als anti-verhaltenswissenschaftlich, bezeichnet worden. Eine Möglichkeit, die unterschiedlichen Sichtweisen der Ökonomen und Psychologen zu integrieren, liegt in der Idee, das menschliche Denken auf zwei unterschiedlichen Ebenen oder Systemen zu erklären. Auf der einen Ebene handeln sie quasi automatisch, schnell und unbewusst. Auf einer zweiten Ebene werden Handlungen und Entscheidungen als Ergebnis eines bewussten Denkprozesses gesehen. Handeln ist in diesem Sinne nach Ludwig von Mises das bewusste Verhalten, welches begrifflich scharf von dem unbewussten Verhalten abzugrenzen ist, auch wenn im Einzelfall nicht immer leicht festzustellen ist, um welche Verhaltenskategorie es sich handelt.

Im Fokus der Psychologen stehen eher die Entscheidungen der ersten Ebene, während das ökonomische Denken eher auf die zweite Ebene der bewussten Denk- und Entscheidungsprozesse Bezug nimmt. Diese Überlegungen zeigen, dass die Psychologen die Überlegungen und Modelle der Ökonomen zumindest ergänzen und bereichern können.

GELD UND INFLATION

Der Geldbegriff

Was ist Geld? Eine scheinbar banale Frage – aber bei genauerem Hinsehen scheint sie doch nicht so simpel zu sein. Folgt man der Definition der Deutschen Bundesbank, handelt es sich bei Geld um ein Tausch- und Zahlungsmittel. Im Euro-Währungsgebiet ist dabei Euro-Bargeld das gesetzliche Zahlungsmittel, welches im Eurosystem nur die Zentralbank herstellen und in Umlauf bringen darf.

Interessant an dieser Definition ist, dass das gesetzliche Zahlungsmittel als Bargeld definiert ist. Bargeld als gesetzliches Zahlungsmittel ist daher von Buchgeld zu unterscheiden. Zum Buchgeld zählen laut Deutscher Bundesbank Einlagen bei Banken, die durch Buchungsakte in den Kontobüchern der Banken entstanden sind. Somit wird Buchgeld, auch wenn es nicht als gesetzliches Zahlungsmittel gilt, doch als Zahlungsmittel akzeptiert. Schließlich kann es ohne weiteres in Bargeld umgewandelt werden.

Entstehung des Geldes

Wie aber ist Geld entstanden? Die Entstehung wird aufgrund von Funden vermutlichen Metallgelds im Mittelmeerraum in etwa auf die Zeit 2000 v. Chr. datiert. Diese Münzen wurden zum Tausch von Gütern verwandt. Damit ist schon eine ganz wesentliche Funktion von Geld benannt, nämlich die Tauschfunktion. Carl Menger, der Begründer der sogenannten Österreichischen beziehungsweise Wiener Schule der Nationalökonomie, erklärt die Entstehung von Geld damit, dass Tauschen in einer Naturalwirtschaft, in der Güter gegen Güter getauscht würden, mühsam sei: Stets müssen sich Marktparteien finden, die genau die Güter nachfragen, die im Tausch angeboten werden. Früher oder später setzte sich jedoch die Erkenntnis durch, dass das Tauschen durch ein indirektes Tauschgut wie Geld einfacher wird.

Wie einer seiner Schüler, Ludwig von Mises, später ausführt, kann gefolgert werden, dass Geld zunächst im Markt selbst als ein Sachgut mit intrinsischem Wert entstanden ist. Diese Sachgüter sind dann später quasi durch staatliche Monopolisierung etwa in Form des Münzprägerechtes zu gesetzlichen Zahlungsmitteln geworden. Die Tatsache, dass in der Währungsgeschichte meist Edelmetalle, insbesondere Gold und Silber oder auch andere Edelmetalle wie Kupfer oder Bronze, die Geldfunktionen übernommen haben, bekräftigt diese Annahme. In diesem Sinne war Geld zunächst eigentlich Warengeld. Man könnte sagen, dass eine Ware gegen die Ware »Edelmetall« getauscht wurde. Auf Grund der Vereinheitlichung der »Ware Edelmetall« in Form von Münzen konnte so der Warentausch vereinfacht werden. Mises bezeichnete diese Erkenntnis als das sogenannte Regressionstheorem.

Eine Abstrahierung davon stellt dann das Papiergeld in Form von Banknoten dar. Bankennoten waren ursprünglich in Europa Schuldscheine privater Geschäftsbanken in kleiner Stückelung, die vom Staat zum gesetzlichen Zahlungsmittel erklärt wurden. Dies geschah in Europa zumeist im 19. Jahrhundert mit der Entstehung moderner Nationalstaaten.

Geld als Tauschmittel

Die Tauschmittelfunktion ist die wesentlichste Geldfunktion. Ein Gut (Ware oder auch Dienstleistung) wird zunächst gegen Geld getauscht und dieses Geld wird dann wieder gegen eine andere Ware eingetauscht. Indem man sich auf ein Tauschgut wie Geld einigt, wird der Warentausch wesentlich vereinfacht und Transaktionskosten werden verringert.

Geld als Recheneinheit

Die Recheneinheitsfunktion steht unmittelbar in Zusammenhang mit der Tauschmittelfunktion des Geldes. Geld als Recheneinheit bedeutet, dass die Güterpreise in Form eines Gutes, nämlich in Geld, ausgedrückt werden. Kostet beispielsweise ein Apfel einen Euro und eine Birne zwei Euro, dann bedeutet dies, dass zwei Äpfel im Tausch gegen eine Birne aufzuwenden sind. Das Rechnen in Geldeinheiten macht das Tauschen von Waren einfacher, da die Anzahl der Tauschrelationen verringert wird.

Geld dient der Wertaufbewahrung

Und dann ist da noch die Wertaufbewahrungsfunktion. Die Haltung von Geld erlaubt, Kaufkraft interregional und intertemporal zu transportieren.

Stellt man nun einem Zusammenhang zwischen diesen drei Funktionen her, kann man sagen, dass diese in der Tauschfunktion zusammenfallen: Die Recheneinheitsfunktion steht unmittelbar für die Tauschmittelfunktion des Geldes. Die Wertaufbewahrungsfunktion bedeutet nichts anderes als die zeitliche Verlagerung des Tauschens von der Gegenwart in die Zukunft. Geld ermöglicht es also, den Konsum von Waren und Dienstleistungen in die Zukunft zu verlagern.

Der Wert des Geldes

Bei der Betrachtung des Geldwertes könnte man von seinem Substanzwert ausgehen. Also dem Wert, den die materielle Substanz jeweils hat. Diese wäre heute im Unterschied zum aufgedruckten Nominalwert ziemlich gering: Der Substanzwert eines 100-Euro-Scheins liegt in der Herstellung pro Stück bei durchschnittlich acht Cent.

Hinsichtlich des Werts des Geldes ist aber etwas anderes gemeint. Der Wert des Geldes bemisst sich danach, was man dafür eintauschen kann. Man spricht in diesem Zusammenhang von der Kaufkraft des Geldes. Diese gibt an, welche Gütermenge mit einer Geldeinheit oder einem bestimmten Geldbetrag gekauft werden kann. Die Kaufkraft ist wiederum von zwei Faktoren abhängig:

- Güterknappheit,
- Verhältnis der Geldmenge zu den vorhandenen Gütern.

Unsere Wirtschaft ist durch knappe Güter gekennzeichnet. Vielmehr müssen knappe Güter über Märkte zwischen Anbieter und Nachfrage verteilt werden. Der Marktmechanismus verknüpft dabei die einzelwirtschaftlichen Entscheidungen und Handlungen von Haushalten und Unternehmen. Der Marktpreis stellt dabei einen Knappheitsindikator dar, der angibt wie viele Güter gegen Geld eingetauscht werden können. Werden Güter knapp, steigen die Preise, wie beispielsweise beim sogenannten ersten Ölpreisschock 1973/1974. Oder die Preise sinken, wie es wiederum beim Rohöl seit einem Jahr zu beobachten ist. Im ersten Fall spricht man Inflation im zweiten Fall spricht man von Deflation.

Geldmengenexpansion

Die Tauschrelation zwischen Geld und Gütern ist aber nicht nur von der Güter-, sondern auch von der Geldmenge abhängig. Der US-amerikanische Ökonom Irving Fisher (1867–1947) hat dies 1914 im Rahmen seiner Quantitätstheorie beschrieben: Demnach existiert eine Beziehung zwischen der Geldmenge multipliziert mit der Umlaufgeschwindigkeit des Geldes auf der einen Seite und dem Wirtschaftswachstum multipliziert mit dem Preisniveaus auf der anderen Seite. Geht man nun davon aus, dass die Umlaufgeschwindigkeit des Geldes konstant ist und die Kapazitäten einer Volkswirtschaft ausgelastet sind, das heißt, dass im Moment kein weiteres Wachstum möglich ist, bedeutet dies, dass eine Ausweitung der Geldmenge stets eine Erhöhung der Preise nach sich zieht. Die Folge ist Inflation, die Kaufkraft des Tauschmittels »Geld« sinkt und damit auch der Gegenwert, den ich für mein Geld bekomme.

Die Wirkung einer Geldmengenausweitung ist aber nicht unmittelbar und für alle Teilnehmer des Wirtschaftskreislaufs gleich: Einige Gesellschaftsmitglieder profitieren von der Erhöhung der Geldmenge, andere leiden darunter. Dieser Zusammenhang erklärt der sogenannte Cantillon-Effekt: Der irische Bankier Richard Cantillon (1680–1734) erkannte bereits im 18. Jahrhundert, dass bei einer Ausweitung der Geldmenge die einzelnen Preise für Produktions- und Konsumgüter nicht gleichmäßig ansteigen. Auch die Güterpreise steigen nicht analog an. Jenen Marktteilnehmern, denen es zum Beispiel durch günstige Bankkredite gelingt, neu geschaffenes Geld früher zu erhalten als anderen Marktteilnehmern, profitieren im Vergleich zu denen, die das neu geschaffene Geld erst später erhalten. Erstere können Konsum- und Kapitelgüter noch zu relativ günstigen Preisen erhalten, Letztere erst nach erfolgter Verteuerung.

GELD UND INFLATION

Wie kann sich aber die Geldmenge ausweiten, sodass sich der Tauschwert des Geldes verändert? Die Zentralbank kann Geld quasi auch dem »Nichts« schaffen. Das heutzutage emittierte Geld lässt sich als ungedecktes Papiergeld, Kreditgeld oder auch als »Fiatgeld« bezeichnen. Dieses Geld wird durch die Zentralbank als Kreditgeld den Geschäftsbanken gegen Zahlung von Zentralbankzinsen zur Verfügung gestellt und durch diese in Umlauf gebracht, wobei es durch einen Kreditschöpfungsprozess ein Mehrfaches seines Volumens erhält. Es handelt sich dabei um einfache Buchungsprozesse in der Bilanz der Zentralbank: Auf der Aktivseite der Zentralbankbilanz stehen – vereinfacht gesagt – Kreditforderungen, denen auf der Passivseite die sogenannte Geldbasis oder Zentralbankgeldmenge gegenübersteht. Das Geld ist weder durch Gold noch ein anderes Edelmetall gedeckt. Die alte DM war zwar noch im sogenannten Bretton-Woods-System an den US-Dollar gebunden, wobei für den US-Dollar eine Goldeinlösepflicht bestand, aber diese wurde am 15. August 1971 offiziell durch US-Präsident Nixon aufgehoben.

Die Zentralbank kann im Prinzip also jederzeit, wenn sie es für richtig hält, die Geldmenge durch expansive bzw. restriktive Kreditvergabe ausweiten oder auch reduzieren. Die Wirkung hängt wiederum von der Nachfrage nach Zentralbankgeld seitens der Geschäftsbanken ab.

Man werde »alles tun, was nötig ist, um den Euro zu retten« gelobte Mario Draghi (geb. 1947) 2012. Große Worte des Präsidenten der Europäischen Zentralbank (EZB), denen ein großes Programm folgte – eines, das es der EZB erlaubte, Staatsanleihen in unbegrenztem Umfang zu kaufen. Durch Aufkauf von Staatsanleihen auf dem sogenannten Sekundärmarkt sollen Staaten mit Zahlungsschwierigkeiten entlastet werden. Die EZB hat in den ersten vier Wochen ihres Staatsanleihen-Kaufprogramms für 52,5 Milliarden Euro Schuldtitel gekauft. Pro Monat sieht die Geldschwemme Käufe von rund 60 Milliarden Euro vor – ein theoretisches Volumen von 500 Milliarden.

Argumentiert wird mit Verweis auf die rückläufigen Inflationsraten, dass dies keinen Einfluss auf die Preise hätte. Man fürchtet sogar eine Deflation (siehe Seite 64, 84), da die Inflation gemessen am offiziellen Verbraucherindex (dem sogenannten Harmonisierten Verbraucherpreisindex, HVPI), der die Entwicklung der Verbraucherpreise für die Güter des täglichen Bedarfs misst, mit 1,4 % sehr niedrig ist. Dem ist allerdings entgegenzuhalten, dass der HVPI nur die Preise bestimmter Güter erfasst und beispielsweise Vermögenswerte vernachlässigt. Richtet man den Blick auf Preismaßzahlen, ergibt sich ein anderes Bild, das deutlich inflationäre Tendenzen aufweist: Der Vermögenspreisindex hat zugelegt um 4,4 %. Der Deutsche Aktienindex, der die Preisentwicklung auf dem Aktienmarkt misst, ist in den letzten beiden Jahren von 6000 auf 12 000 Indexpunkte gestiegen (Mitte 2015)!

Wie sollte die optimale Geldmenge beziehungsweise deren Ausweitung aussehen, damit Kaufkraftverlust beziehungsweise Tauschwertverlust vermieden wird? Milton Friedman (1912–2006), der Begründer des sogenannten Monetarismus und ein Wirtschaftsnobelpreisträger, schlug vor, die Zentralbanken sollten sich zu einer konstanten jährlichen Wachstumsrate der Geldmenge verpflichten, die in etwa dem Wirtschaftswachstum entspricht, um so das Preiswachstum zu stabilisieren. Das würde bedeuten, dass sich die Aufgabe der Zentralbank darin erschöpfen würde, das Preisniveauwachstum durch einen Steuerung der Geldmenge zu stabilisieren, um den Geld- beziehungsweise Tauschwert des Geldes zu erhalten.

Seit Ausbruch der weltenweiten Finanz- und Wirtschaftskrise scheint sich jedoch das Selbstverständnis der Europäischen Zentralbank verändert zu haben. Ausgehend von der Auffassung, dass es gegenwärtig keine Inflation gemessen an HVPI gäbe, werden beispielsweise im hohen Umfang Staatsanleihen gekauft. Geldpolitisch zählt das Aufkaufen von Staatsanleihen durch die Zentralbank zum sogenannten »Quantitative Easing« (mengenmäßige Erleichterung beziehungsweise Lockerung). Damit bezeichnet man Maßnahmen seitens der Zentralbank, die zum Einsatz kommen, wenn man weiterhin eine expansive Geldpolitik will. Die EZB erwirbt die Staatsanleihen selbst von Geschäftsbanken, da sie selbst die Anleihen gemäß den vertraglichen Grundlagen über die Europäische Wirtschafts- und Währungsunion (EWWU) nicht von den Staaten direkt erwerben darf. Warum kauft die EZB nun überhaupt die Staatsanleihen von den Banken? Die Banken hätten einen hohen Abschreibungsbedarf auf vorhandene Wertpapiere, wenn die betroffenen Staaten ihre Anleihen nebst Zinsen nicht mehr zurückzahlen könnten, so zum Beispiel in Folge eines Staatsbankrottes. Man denke nur an den Fall Griechenland, der 2010 die Krise auf den Bestand des Euros auslöste.

Ein zweiter Effekt, der dabei entsteht, ist ein Beruhigen beziehungsweise eine Stabilisierung der Finanzmärkte: Es ist für die Banken (Hauptkäufer von Staatsanleihen), die Hauptakteure an den Märkten, beruhigend zu wissen, dass man die Anleihepapiere gegebenenfalls auch an die Notenbanken der EU verkaufen kann. Durch den Anleiheverkauf kann das Ausfallrisiko an die EZB weitergereicht werden.

Für die einzelnen Regierungen der betroffenen Länder ist diese Politik aus einem weiteren Grund wichtig: Würden

Banken den Staaten keine Kredite in Form von Staatsanleihen wegen ihres hohen Ausfallrisikos gewähren, würde sich das Refinanzierungsrisiko noch weiter verschärfen.

Die EZB ist also vom Wahrer der Preisstabilität, zugespitzt formuliert, zum »Beruhiger der Finanzmärkte«, »Bankenretter« und »Staatsfinancier« geworden. Dies haben sich die Gründungsväter der Europäischen Wirtschafts- und Währungsunion (EWWU) sich so sicher nicht vorgestellt.

WACHSTUM UND KONJUNKTUR

Wachstum und Wohlstand

Volkswirtschaftlicher Wohlstand im ökonomischen Sinne hängt davon ab, in welchem Umfang Produktions- und Konsummöglichkeiten zugänglich sind – gemäß der Maxime, dass mehr Güter (zu günstigeren Preisen) einen Anstieg des allgemeinen Wohlstandes bedeuten.

Der Schlüssel zur Vermehrung eines so verstandenen Wohlstandes liegt in einer Steigerung des Wirtschaftswachstums. Dieses wird mit Hilfe des sogenannten Bruttoinlandsproduktes (BIP) gemessen. Das BIP gibt die Summe aller Güter und Dienstleistungen an, die in einer Volkswirtschaft in einem Jahr produziert werden. Wirtschaftliches Wachstum liegt dann vor, wenn der Wert des BIP gegenüber dem Vorjahr real (d. h. um die Inflationen bereinigt) zugenommen hat.

Betrachtet man das jährliche Wachstum über mehrere Perioden hinweg, dann kann man den Wachstumstrend erkennen. Der langfristige Wachstumstrend drückt sich über die Zunahme des sogenannten Produktionspotentials aus. Das Produktionspotential bezeichnet den vollen Umfang der gesamtwirtschaftlichen Produktionsleistung, der mit den vorhandenen Produktionsfaktoren unter Berücksichtigung des technischen Fortschrittes erbracht wird.

Das Wirtschaftswachstum hängt dabei im Wesentlichen von zwei Faktoren ab:

- Ersparnis und Investitionen
- dem technischen Fortschritt

Ersparnis und Investitionen

Sparen bedeutet für die Haushalte, den Konsum in die Zukunft zu verlagern bzw. für später vorzusorgen. Die Banken, bei denen private Ersparnisse angelegt werden, verleihen das Geld wiederum in Form von Investitionen an Unternehmen.

Diese können das Geld für die Anschaffung neuer Maschinen, für die Erweiterung ihrer Kapazitäten oder für die Entwicklung neuer Produkte verwenden. Investitionen verändern den Bestand an Sachkapital in einer Volkswirtschaft, indem Fabrikgebäude, Maschinen oder technische Anlagen, die zu Produktionszwecken eingesetzt werden, hinzukommen. Man spricht in diesem Zusammenhang vom sogenannten Kapitalstock, da Investitionen zunächst Geld kosten und erst später Einnahmen bringen. Sie sind eine notwendige Voraussetzung für wirtschaftliches Wachstum. Die Höhe der volkswirtschaftlichen Ersparnisse bestimmt in der Regel die Höhe der Investitionen und damit auch langfristig das Wachstum einer Volkswirtschaft.

Technischer Fortschritt

Die Wirkung des technischen Fortschrittes lässt sich mit Hilfe der »Theorie der langen Wellen« des russischen Ökonom Kondratieff (1892–1938) illustrieren. Kondratieff argumentierte, dass durch technologische Schlüsselinnovationen langfristige Wachstumsschübe ausgelöst würden, die als »Kondratieff-Zyklen« bezeichnet werden. Er zeigte anhand der Analyse von Daten verschiedener Volkswirtschaften, dass es immer wieder zu 40 bis 60 Jahre andauernden Wachstumszyklen gekommen ist. Dieser

Theorie folgend lassen sich bis heute fünf solcher Zyklen identifizieren:

1. »Dampfmaschinen-Kondradtieff« (ca. 1780–1849): Beginn der Industrialisierung und Frühmechanisierung

2. »Eisenbahn-Kondradtieff« (ca. 1840–1890): Bessemerstahl und Dampfschifffahrt

3. »Elektrotechnik und Schwermaschinen-Kondratieff« (ca. 1890–1940)

4. »Einzweck-Automatisierungs-Kondratieff« (ca.1940–1990): Basisinnovationen wie integrierte Schaltkreise, Kernenergie, Transistoren

5. »Informations- und Kommunikationstechnik-Kondratieff« (seit 1990)

Aktuell wird unter dem Schlagwort »Industrie 4.0« diskutiert, inwieweit Automatisierung und Vernetzung in der Produktion neue Wachstumspotentiale bieten. Mit Industrie 4.0 ist die aktuelle Innovationswelle gemeint, die ausgehend von der Automatisierungstechnik und den Informations- und Kommunikationstechnologien neue Wachstums- und Wertschöpfungsimpulse setzen soll. Die industrielle Produktion wird danach hochgradig weiter automatisiert. Dabei koordinieren intelligente Maschinen selbstständig innerbetriebliche Prozesse. So arbeiten Service-Roboter in der Montage mit Menschen zusammen. Roboter sollen aber auch eigenständig arbeiten und so zum Beispiel den Materialausschuss minimieren, Abläufe organisieren, Mängel melden und Nachschub organisieren – und das alles vernetzt mit den Kunden. Prognosen zufolge dürfte diese Entwicklung aber auch 60 000 Stellen im Bereich der Produktion kosten.

Die wirtschaftspolitische Konsequenz aus diesen Überlegungen wäre es, den Schwerpunkt auf die Steigerung des Produktionspotentials zu legen. Im Mittelpunkt einer solchen Politik stünden die Anreizsteigerung für Spar- und Investitionsprozesse sowie die Förderung von Bildung, Forschung und Entwicklung. Man spricht in diesem Zusammenhang auch von einer angebotsorientierten Wirtschaftspolitik.

Konjunktur

Häufig synonym zum Wachstumsbegriff gebraucht, sollte der Begriff »Konjunktur« hiervon deutlich abgegrenzt werden: Zielt das Wirtschaftswachstum auf die langfristige Entwicklung des Produktionspotentials ab, spricht man von Konjunktur, wenn Nachfrage- und Produktionsschwankungen zu einer Veränderung des Auslastungsgrades der Produktionskapazitäten führen. Somit kann Konjunktur als die zeitliche Abweichung bzw. Änderung der Güterproduktion vom langfristigen Wachstum verstanden werden, welche durch wirtschaftliche Schwankungen hervorgerufen wird.

Ein so verstandenes Abweichen vom langfristigen Wachstumstrend wird häufig in Form eines Konjunkturzyklus beschrieben. Ein solcher Zyklus besteht aus vier Phasen.

Rezession

In der ersten Phase schwächt sich das Wachstum gemessen am BIP ab. Als Kriterium gilt dabei, dass das BIP im Vergleich zum Vorjahr in zwei Quartalen nacheinander sinkt. Im Zuge dieses Prozesses ist eine Reduktion der Beschäftigung zu beobachten, da die Haushalte weniger konsumieren und die Unternehmen weniger Umsätze machen, weshalb sie die Produktion zurückfahren. Daher werden weniger Arbeitskräfte benötigt. Der Preisauftrieb schwächt sich dabei ab und Investitionen gehen zurück.

Depression

Hält eine Rezession hartnäckig und langfristig an, mündet der Abschwung in eine gesamtwirtschaftliche Krise, die als »Depression« bezeichnet wird. Eine besonders lange Depression erlebten die USA und Europa im Zuge der Weltwirtschaftskrise, die durch den Börsencrash vom 25. Oktober 1929 ausgelöst wurde. Während einer Depression setzen sich Umsatz- und Gewinneinbrüche von Unternehmen fort. Weil damit die Erwartungen von Haushalten und Unternehmen hinsichtlich der künftigen wirtschaftlichen Entwicklung schlechter werden, gehen die Nachfrage der Haushalte und Investitionen seitens der Unternehmen weiter zurück. Zudem tritt während einer Depression meist auch eine Deflation auf, was wiederum eine Abwärtsspirale nach unten bewirken beziehungsweise verstärken kann.

Recovery

Eine Rezession bzw. Depression ist erst überwunden, wenn die oben beschriebene Abwärtsspirale zum Stillstand kommt. Dieses ist der Fall, wenn sich die wirtschaftlichen Erwartungen wieder verbessern oder wenn der Staat seine Ausgaben erhöht (und sich dadurch verschuldet), um so den Nachfrageausfall beispielsweise durch Investitionen in die staatliche Infrastruktur zu kompensieren. Man spricht dann von einer nachfrageorientierten Wirtschaftspolitik. Diese Intervention zielt darauf ab, dass die Unternehmen ihre Produktion wieder erhöhen, Arbeitskräfte einstellen und aufgeschobene Investitionen tätigen.

Die gesamtwirtschaftliche Nachfrage kann wieder steigen und damit ebenso die Beschäftigung. Die Zentralbank kann diesen Prozess unterstützen, indem sie die Geldmenge erhöht. Dadurch wird die Geldmenge insgesamt größer. Infolgedessen sinkt der Preis für Geld in Form von Kreditzinsen. Haushalte und Unternehmen können sich dadurch günstiger Geld leihen bzw. Investitionen tätigen. Dadurch steigt wiederum die gesamtwirtschaftliche Nachfrage an und das BIP steigt ebenfalls.

Dieser Ansatz sieht vor, dass Investitions- und Verbraucherkredite günstig bleiben und die Umsätze der Unternehmen wieder ansteigen. Wenn eine solche Entwicklung zu beobachten ist, spricht man von einer wirtschaftlichen Erholung bzw. einem »Recovery«.

Boom

Hält die wirtschaftliche Erholung weiter an, kann diese in eine Hochkonjunktur beziehungsweise in einen Boom münden. In diesem Fall überschreitet die Produktion die Kapazitätsgrenzen einer Volkswirtschaft. Die Folge ist, dass mehr Produktionsfaktoren verbraucht werden, als es zum aktuellen technischen Niveau effizient wäre. Die Folge wäre unter anderen eine starke Belastung der Umwelt. Die Arbeitslosigkeit sinkt jetzt unter das Niveau der sogenannten »natürlichen Arbeitslosigkeit«, die berücksichtigt, dass es in einer Volkswirtschaft nie einen Zustand mit null Prozent Arbeitslosigkeit gibt: Es gibt immer Personen, die gerade Arbeit suchen oder freiwillig arbeitslos sind. Die OECD (Organisation für wirtschaftliche Zusammenarbeit und Entwicklung) nimmt zum Beispiel für Deutschland für die natürliche Arbeitslosigkeit eine Quote von 4% an. Alles, was darüber hinausgeht, wäre konjunkturell bedingt. Preise für Produktionsfaktoren sowie Löhne und Zinsen steigen in dieser Phase ebenfalls stark an, was die Produktionskosten generell anhebt. Dies führt wiederum zu fallenden Gewinnen. Außerdem führt die anhaltend hohe Nachfrage zu steigender Inflation. Der Boom kann damit wieder einen »Bust«, also in eine Rezessions-Depressionsphase umschlagen.

Um dies zu vermeiden, wird wirtschaftspolitisch versucht, durch eine Erhöhung der Steuern sowie durch eine Verknappung der Geldmenge die Kreditvergabe zu senken. Außerdem sollten in dieser Phase auch Staatsschulden abgebaut werden, die während einer Rezession entstanden sind.

Wachstum und Wachstumskritik

Auch wenn wirtschaftliches Wachstum, wie ausgeführt, wohlstandsfördernd wirkt und daher sogar als wirtschaftspolitisches Ziel im sogenannten Stabilitätsgesetz festgehalten wurde, kennt die ökonomische Theorie eine lange Tradition der Wachstumskritik.

Schon Ende des 18. Jahrhunderts formulierte Thomas Malthus (1766–1834) eine Theorie über den Zusammenhang von Bevölkerungswachstum und Verelendung. Er argumentierte, dass die Bevölkerung überdurchschnittlich stark wachsen würde, die landwirtschaftlich nutzbaren Flächen jedoch zur Lebensmittelproduktion begrenzt seien. Die Konsequenz sei daher, dass die Gesellschaft auf Grund einer zu erwartenden Lebensmittelknappheit verelenden würde. Dass sich diese düstere Prognose nicht erfüllt hat, liegt daran, dass das Bevölkerungswachstum im Zuge wirtschaftlicher Entwicklung eher abnimmt und nicht, wie es Malthus angenommen hat, linear oder exponentiell wächst. Außerdem hatte er in seiner Theorie nicht die Wirkung des technischen Fortschrittes in der Landwirtschaft berücksichtigt.

1973 formulierte der »Club of Rome« die düstere Prognose, wonach bei der gegenwärtigen Zunahme der Weltbevölkerung, der Industrialisierung und des Verbrauchs von fossilen Rohstoffen, insbesondere Rohöl, die absolute Wachstumsgrenze in den nächsten hundert Jahren erreicht sein würde. Gegen diese Aussage lässt sich heute einwenden, dass die Fokussierung auf fossile Rohstoffe damals ökonomisch zu eng gedacht war. Der Club of Rome hatte in der Tat in den 1970er-Jahren den Fokus auf den fossilen Brennstoffen. Alternative Energiequellen wurden erst später, etwa mit dem Aufkommen der Umweltbewegung und deren entsprechender politischen Repräsentanz etwa ab den 1980er-Jahren ein Thema. Zweifelsohne stellte der Bericht jedoch einen wachstumskritischen Weckruf dar.

In letzter Zeit wird etwa unter Bezug auf die Vereinbarkeit von Klimaschutz und Wachstum diskutiert, inwieweit die Wachstumszwänge moderner Ökonomien einer nachhaltigen Wirtschaft entgegenstehen, die funktionieren kann, ohne auf Wachstum angewiesen zu sein. So wird argumentiert, dass das vorhandene Wohlstandsniveau und die zunehmende Verbreitung von Umweltbewusstsein und postmateriellen Haltungen ein gesellschaftliches Klima geschaffen hätten, das eine tiefere Auseinandersetzung über Wohlstand ohne Wachstum ermögliche.

GLOSSAR

Abschreibung
Minderungen des Buchwertes des Anlage- und des Umlaufvermögens

Allokation
angebotsorientierte Wirtschaftspolitik: wirtschaftspolitische Konzeptionen, die durch eine Verbesserung der Angebotsbedingungen der Produktion die Wirtschaft ankurbeln sollen

Arbeitslosigkeit
gemäß der EU-Definition erfasst die Arbeitslosigkeit alle Personen im Alter von 15 bis 74 Jahren, die während der sog. Berichtswoche ohne Arbeit sind, gegenwärtig für eine Beschäftigung verfügbar sind und aktiv Arbeit suchen

Arbeitsteilung
planmäßiger, in einzelne Teilbereiche und Tätigkeiten zerlegter Prozess der Produktion von Konsum- und Produktionsgütern

Bruttoinlandsprodukt
Summe aller Güter und Dienstleistungen, die in einer Volkswirtschaft in einem Jahr hergestellt werden

Bargeld
Banknoten und Münzen

Club of Rome
gemeinnützige Organisation, die sich mit internationalen politischen Fragestellungen auseinandersetzt und sich unter anderem für den Schutz von Ökosystemen einsetzt

Deflation
allgemein anhaltender und sich selbst verstärkender Preisrückgang, der anhand eines Preisindex gemessen werden kann

Güter
Mittel der Bedürfnisbefriedigung

Europäische Zentralbank (EZB)
verantwortlicher Träger der Geldpolitik im Eurosystem

Eurosystem
Zentralbankensystem des Euro-Währungsgebietes, das sich aus der EZB und den nationalen Notenbanken zusammensetzt

Geldschöpfung
Schaffung von Geld in Form von Bargeld und Giralgeld

Giralgeld
Buchgeld, das auf Bankkonten besteht

Gleichgewichtspreis
Preis, bei dem auf einem Markt Angebot und Nachfrage gleich sind

Inflation
anhaltender Anstieg des Preisniveaus

IS-LM-Modell
Güter-Geldmarkt-Modell, das auf John Hicks zurückgeht, um den keynesianischen Ansatz zu erklären

Knappheit
bedeutet, dass es in Relation zu den Bedürfnissen der Wirtschaftssubjekte zu wenige Güter gibt, da nicht beliebig viele Produktionsfaktoren zur Herstellung von Produktions- und Konsumgütern zur Verfügung stehen

Markt
realer oder virtueller Ort, an dem Angebot und Nachfrage zusammentreffen

Marktwirtschaft
Wirtschaftsordnung, in der die Lenkung des Wirtschaftsprozesses grundsätzlich ohne Eingriff des Staates am Markt durch sich frei bildende Preise erfolgt

Nachfrageorientierte Wirtschaftspolitik
wirtschaftspolitische Konzeption, die durch eine Ausweitung der gesamtwirtschaftlichen Nachfrage die Wirtschaft anregen will

Konjunkturzyklus
periodisch auftretende Schwankungen im Auslastungsgrad des Produktionspotentials; dieser wird meist in vier Phasen unterteilt.

Makroökonomische Theorie (= Makroökonomik)
untersucht Größen wie gesamtwirtschaftlichen Konsum, Investitionsvolumen, Beschäftigung, Arbeitslosigkeit, Außenhandel und Geldwertstabilität

Mikroökonomische Theorie (= Mikroökonomik)
ökonomische Theorie, die sich mit dem Verhalten der einzelnen Wirtschaftssubjekte – Haushalte, Unternehmen, Staat – auseinandersetzt, sowie mit den durch diese Wirtschaftssubjekte gebildeten Märkten

OECD
Organisation für wirtschaftliche Zusammenarbeit und Entwicklung

Ökonomische Schule
wissenschaftliche Denkrichtung, die meist auf einen Begründer zurückgeht und von einer größeren Anzahl von Wissenschaftlern vertreten wird

Ordoliberalismus
von der Freiburger Schule entwickelte wirtschaftliche Konzeption, die als Grundlage der Sozialen Marktwirtschaft gilt

GLOSSAR

Preisindex

Verhältnis der Summe gewichteter Preise eines Berichtsjahres zur Summe der entsprechenden gewichteten Preise in einem Basisjahr. Eine Veränderung des Indexwertes gibt jeweils im Berichtsjahr an, ob Inflation oder Deflation vorliegt. Zur Messung der Verbraucherpreise wird in der Europäischen Union der sog. »Harmonisierte Verbraucherpreis Index« verwendet

Produktion

gelenkter planmäßiger Prozess der Herstellung sowohl von Produktions- als auch von Konsumgütern

Produktionspotential

das Produktionsergebnis einer Volkswirtschaft bei Auslastung aller Produktionsfaktoren

Produktionsfaktoren

umfassen Arbeit, Boden und Kapital (Maschinen und Geldvermögen) aus deren Kombination Produktions- und Konsumgüter entstehen

Soziale Marktwirtschaft

Selbstdefinition des bundesdeutschen Wirtschaftssystems, in dem das marktwirtschaftliche Prinzip mit sozialem Ausgleich verbunden werden soll

Wirtschaftssubjekte
Konstrukt der Volkswirtschaftslehre zur Bezeichnung von handelnden wirtschaftlichen Einheiten, wie Haushalte, Unternehmen, Staat

Zentralverwaltungswirtschaft
Wirtschaftssystem, in dem eine zentrale Planungsinstanz die Entscheidungen über die Verwendung von Produktionsfaktoren und der aus diesen gewonnenen Gütern triff

Zinsen
Preis für geliehenes Geld

LITERATURVERZEICHNIS

Akerlof, George: The Markets for Lemons. Quality, Uncertainty and the Market Mechanism, in: The Quaterly Journal of Ecomomics 3/1970

Ballestrem, Karl Graf: Adam Smith, München 2001

Beck, Hanno: Behavioral Economics. Eine Einführung, Wiesbaden, 2014

Blum, Ulrich: Volkswirtschaftslehre. Studienhandbuch, München/Wien 1994

Cantillion, Richard: Essai sur la Nature du Commerce en general, o. O. 1755

Eucken, Walter: Grundsätze der Wirtschaftspolitik, Tübingen 1952

Fisher, Irving: The Purchasing Power of Money. Its Determination and Relation to Credit, Interest, and Crises, New York 1911

Friedman, Milton: The Optimum Quantity of Money and other Essays, Chicago 1969

Gossen, Hermann Heinrich: Entwicklung des Gesetzes des menschlichen Verkehrs und der daraus fließenden Regeln für menschliches Handeln, Boston 1983

Gruber, Utta / Kleber, Michaela: Grundlagen der Volkswirtschaftslehre, 2. Auflage, München 1994

Hobsbawn, Eric: Wie man die Welt verändert. Über Marx und den Marxismus, Darmstadt 2011

Horstmann, Ulrich u. a.: Ludwig Erhard jetzt, München 2015

Kahneman, Daniel: Thinking, fast and slow, London 2011

LITERATURVERZEICHNIS

Keynes, John Maynard: The Economic Consequences oft the Peace, London 1919

Keynes, John Maymard: The General Theory of Employment, Interest and Money, London 1936

Kondradtieff, Nikolai Dmitrijewitsch: Die langen Wellen der Konjunktur, in: Archiv für Sozialwissenschaft und Sozialpolitik, 1926

Mann, Gerald: Inflation oder Deflation. Womit müssen wir rechnen?, in: Smart Investor. Bei-lage 10/2015

Marx, Karl / Engels, Friedrich: Manifest der Kommunistischen Partei, Stuttgart 1989

Malthus, Thomas: An Essay on the Principle of Population, or a view of its Past and Present Effects on Human Happiness, London 1789

Mann, Gerald: Wie man das Vertrauen in den Euro nicht wiedergewinnen kann: Das »Trio Eurofernale« instrumentalisiert das Papiergeld, in: Farmer, Karl / Jung, Harald / Lachmann, Werner (Hrsg.): Wirtschaftskrisen und der Vertrauensverlust in Wirtschaft und Politik. Ist das Vertauen mit christlichem Ethos wiederzugewinnen?, Münster 2014, S. 61 - 78

Medows, Dennis u. a.: Die Grenzen des Wachstums. Bericht des Club of Rome zur Lage der Menschheit. Reinbek 1972

Mill, John Stuart: On the Principles of Political Economy and Taxation, 1817

Minsky, Hyman P.: John Maynard Keynes, New York 1975

Minsky, Hyman P.: Stabilizing an Unstable Economy, New York 1975

Mises, Ludwig v.: Theorie des Geldes und der Umlaufmittel, Neuauflage, Berlin 2005

o.V.: Studie zu Industrie 4.0. Roboter und Computer verdrängen 60.000 Hilfsarbeiter, in: Frankfurter Allgemeine Zeitung vom 22.10.2015, http://www.faz.net/aktuell/wirtschaft/smarte-arbeit/industrie-4-0-koennte-fabrikarbeitern-den-arbeitsplatz-kosten-13870286.html (Abruf: 23.01.2015)

Polleit, T. / Prollius, M.v.: Geldreform, München 2014

Pareto, Vilfredo: Manuale di Economica Politica. Con una Introduzione alla Szienzia Sociale, Mailand 1906

Plickert, Philipp: Die große Bevormundung durch die Verhaltensökonomen. Eine Warnung vor der paternalistischen Gefahr, in: Frankfurter Allgemeine Sonntagszeitung vom 11. März 2012, S. 30

Posse, Dirk: Zukunftsfähige Unternehmen in einer Postwachstumgesellschaft. Eine theoretische und empirische Untersuchung. Schriften der Vereinigung für Ökologische Ökonomie, Heidelberg 2015

Nienhaus, Lisa / Siedenbiedel, Christian: Ein Crashkurs für Anfänger, faz.net, Abruf: 08.01.2009

Saint-Paul, Gilles: The Tyranny of Utility. Behavioral Social Science and the Rise of Paternalism, Princeton 2011

Schulak, Eugen Maria / Unterköfler, Herbert: Die Wiener Schule der Nationalökonomie: Eine Geschichte ihrer Ideen, Vertreter und Institutionen, Weitra 2009

Schumpeter, Joseph A.: Die Theorie der wirtschaftlichen Entwicklung. Eine Untersuchung über Unternehmergewinn, Kapital, Kredit, Zins und den Konjunkturzyklus, München/Leipzig 1926

Schutkin, Andreas: Das Geheimnis des Neuen: Wie Innovationen entstehen, Wiesbaden 2015

Skidelsky, Robert: Die Rückkehr des Meisters. Keynes für das 21. Jahrhundert, München 2010

Smith, Adam: An Inquiry into the Nature and Causes of the Wealth of Nations, London 1776. Der Wohlstand der Nationen. Eine Untersuchung seiner Natur und seiner Ursachen übersetzt und herausgeben von Claus Recktenwald, München 1974

Solow, Robert M.: Technical Change and the Aggregate Production Function, Review of Economics and Statistics, 39.3 (1957), S. 312–320

Starbatty, Joachim: Klassiker des ökonomischen Denkens, München 1989

Streit, Manfred E.: Theorie der Wirtschaftspolitik, 4. Auflage, Düsseldorf 1991

Stocker, Ferry: Moderne Volkswirtschaftslehre, 6. Auflage, München 2009

Weber, Max: Gesammelte Aufsätze zur Wissenschaftslehre, 3. Auflage, Tübingen 1968

Wenzel, Robert: What Would Keynes Say About Thomas Piketty?, in: economicpolicy-journal.com, Abruf: 20.05.2014

Stefan Voß über Hyman P. Minsky, Fachhochschule Hannover, Arbeitspapier 03-2011

Uchatius, Wolfgang: Wachstumskritik: Jan Müller hat genug, in: Die Zeit 10/2013

Ebenso in dieser Reihe erschienen:

Matthias Matting
Kosmos und Universum in 60 Sekunden erklärt
96 Seiten
6,99 € (D) | 7,20 € (A)
ISBN 978-3-86883-829-9

Alexandra Reinwarth
Glück in 60 Sekunden erklärt
96 Seiten
6,99 € (D) | 7,20 € (A)
ISBN 978-3-86883-831-2

Dr. Felicia Englmann
Philosophie in 60 Sekunden erklärt
96 Seiten
6,99 € (D) | 7,20 € (A)
ISBN 978-3-86883-844-2

Kerstin Menzel
Psychologie in 60 Sekunden erklärt
96 Seiten
6,99 € (D) | 7,20 € (A)
ISBN 978-3-86883-839-8

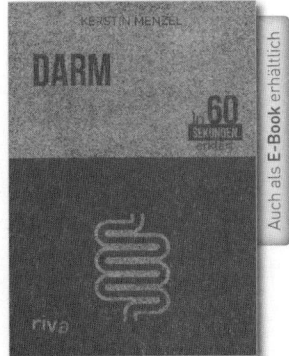

Kerstin Menzel
Darm in 60 Sekunden erklärt
96 Seiten
6,99 € (D) | 7,20 € (A)
ISBN 978-3-86883-845-9

Wenn Sie **Interesse** an **unseren Büchern** haben,

---

z. B. als Geschenk für Ihre Kundenbindungsprojekte,
fordern Sie unsere attraktiven Sonderkonditionen an.

Weitere Informationen erhalten Sie bei unserem
Vertriebsteam unter +49 89 651285-154

oder schreiben Sie uns per E-Mail an:
vertrieb@rivaverlag.de